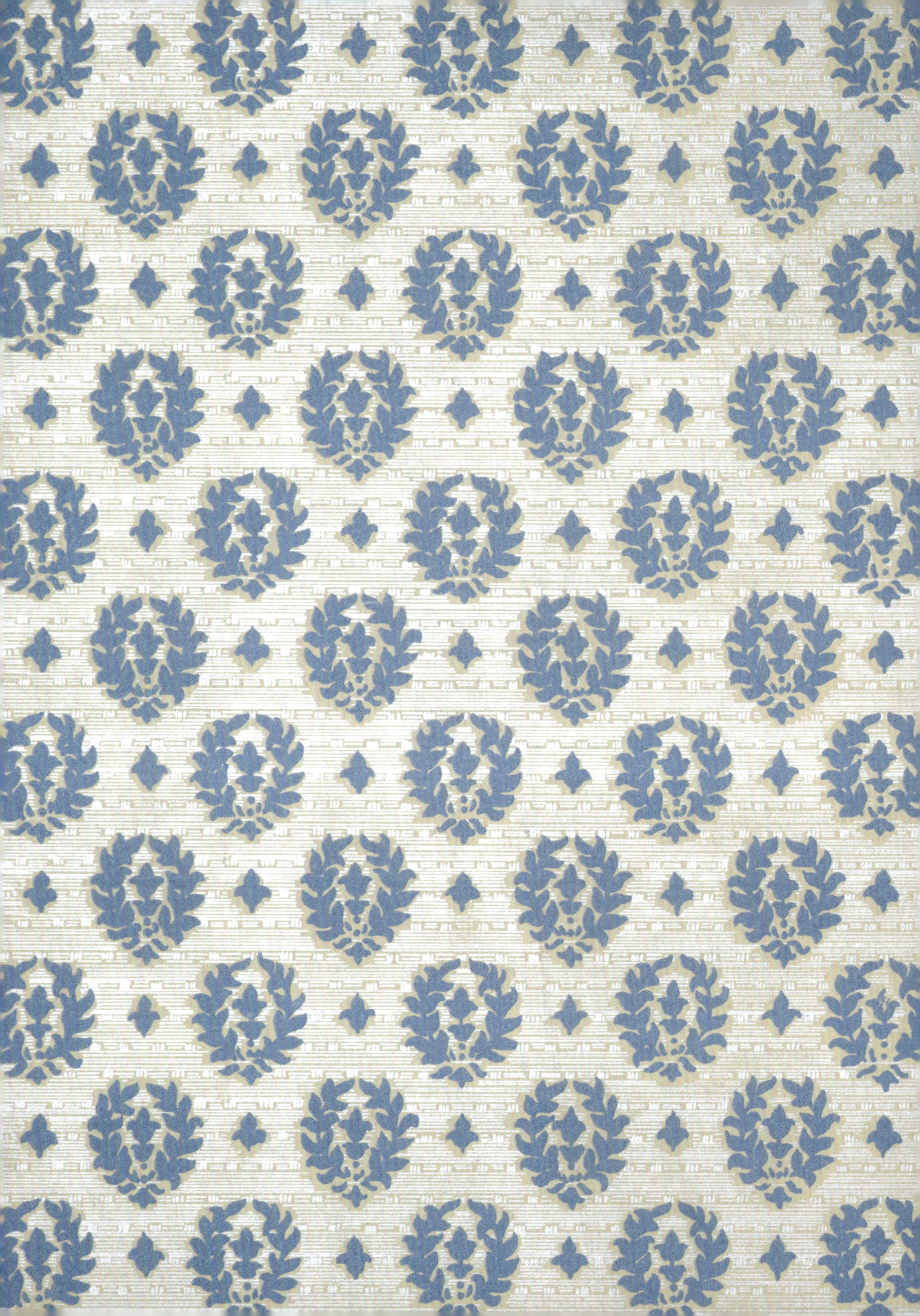

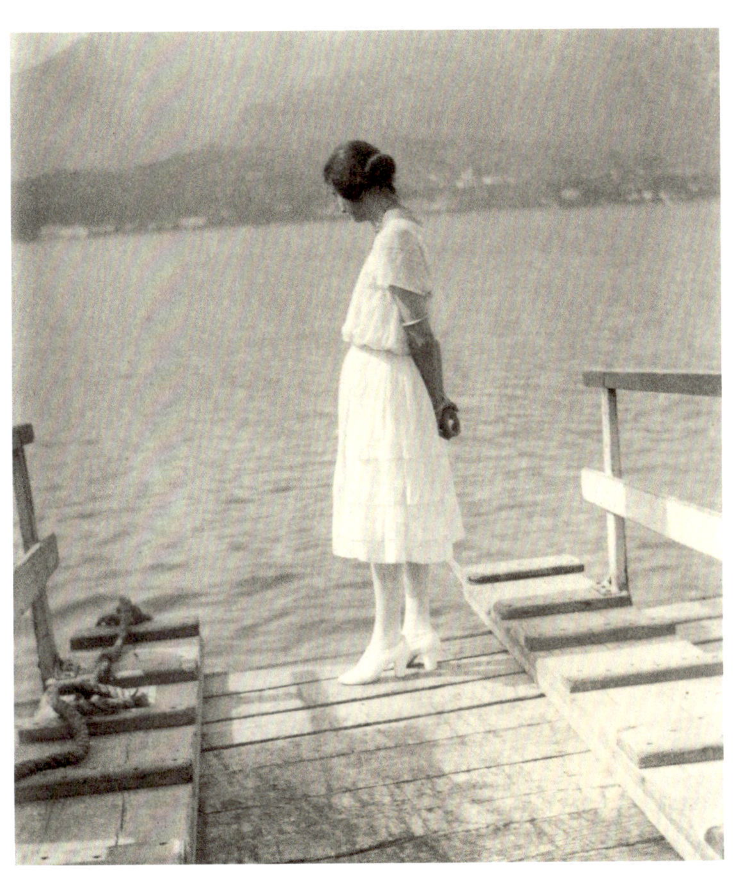

ANDREA GARBALD ALBUM

Herausgegeben von
Stephan Kunz

FONDAZIONE GARBALD

Scheidegger & Spiess

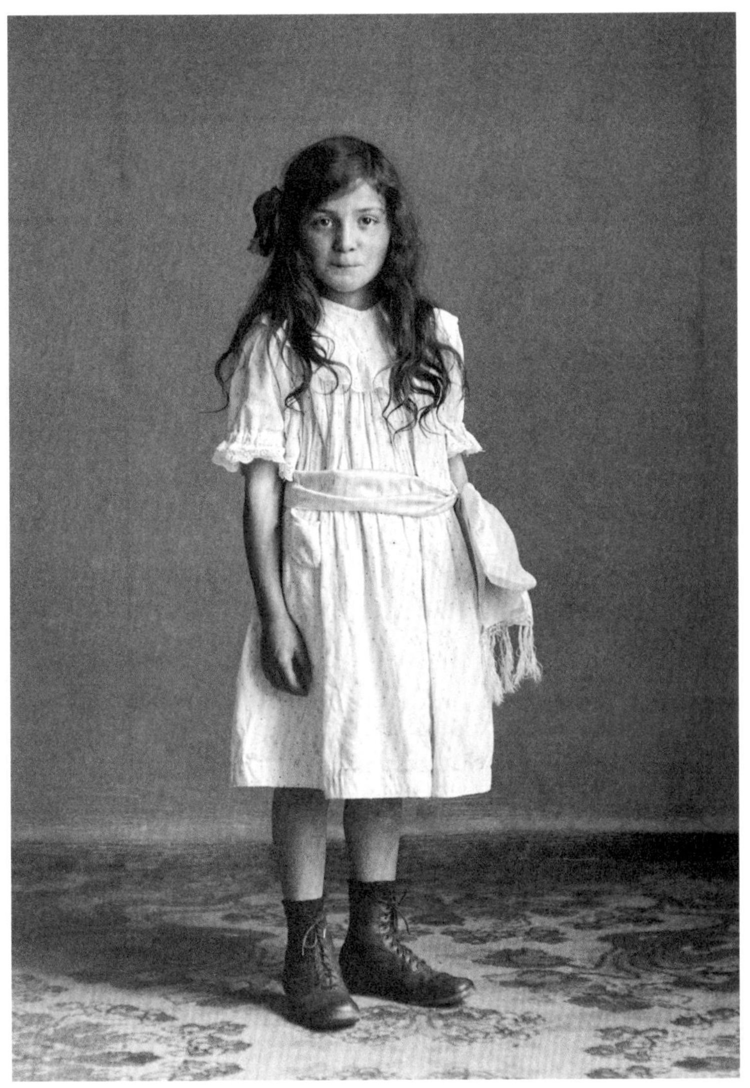

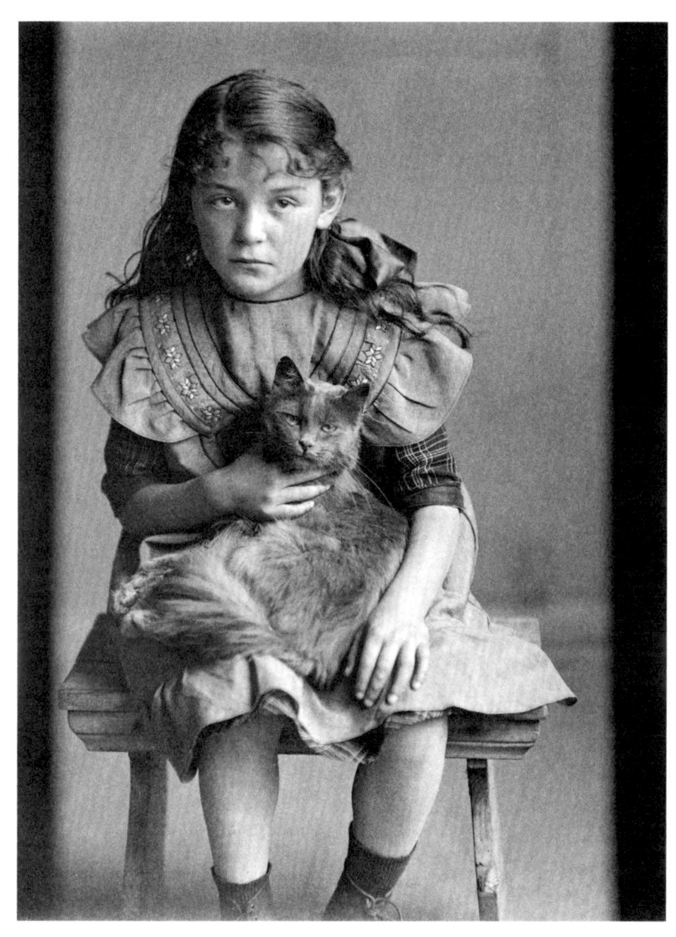

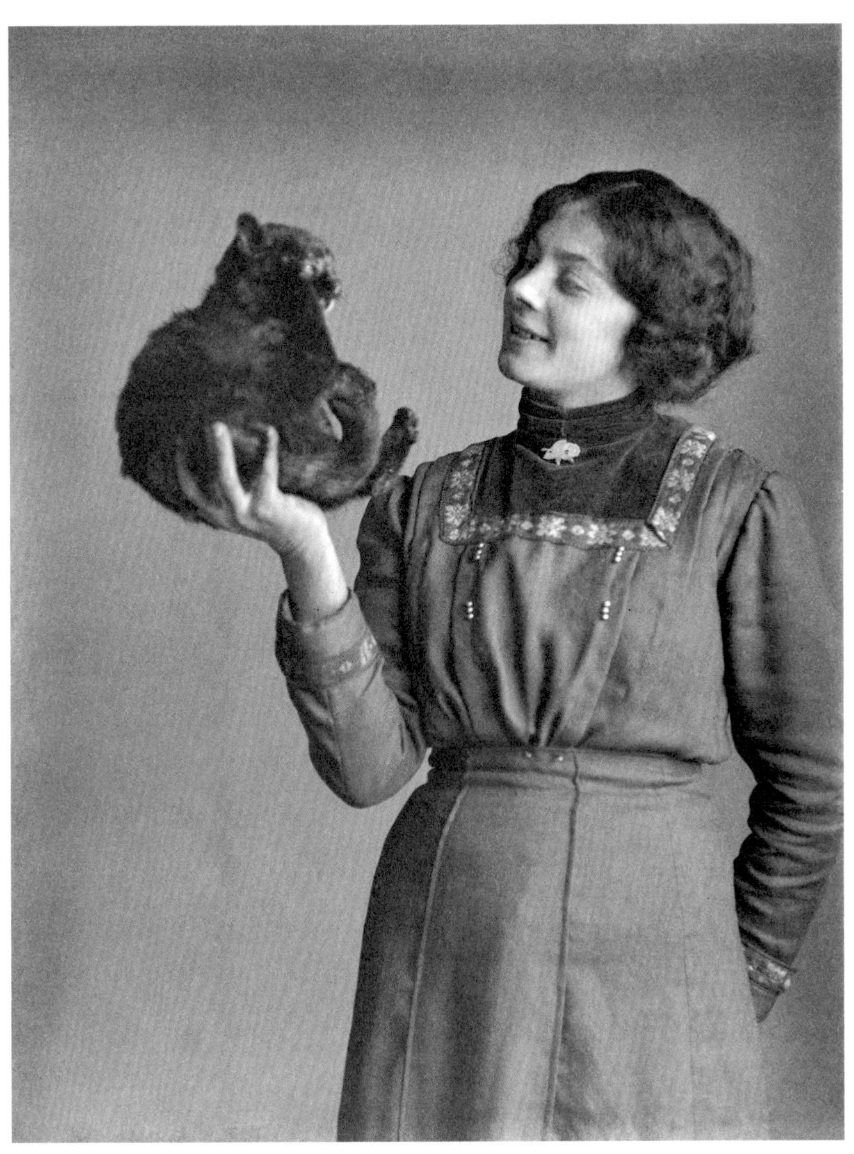

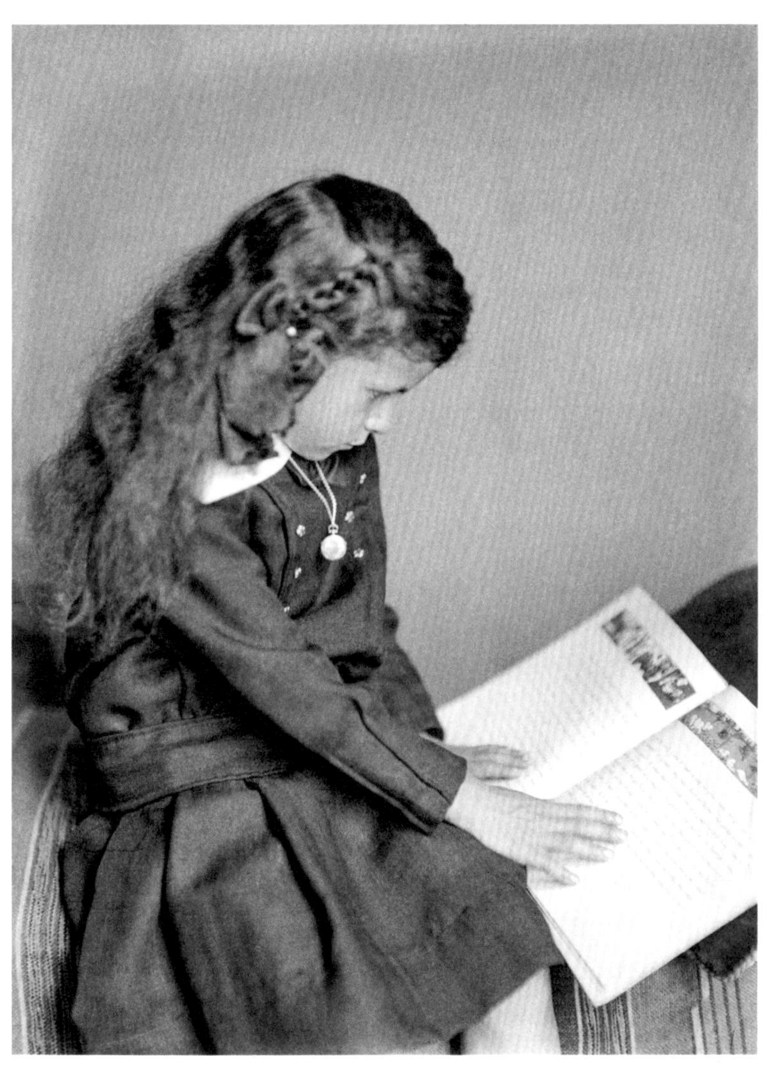

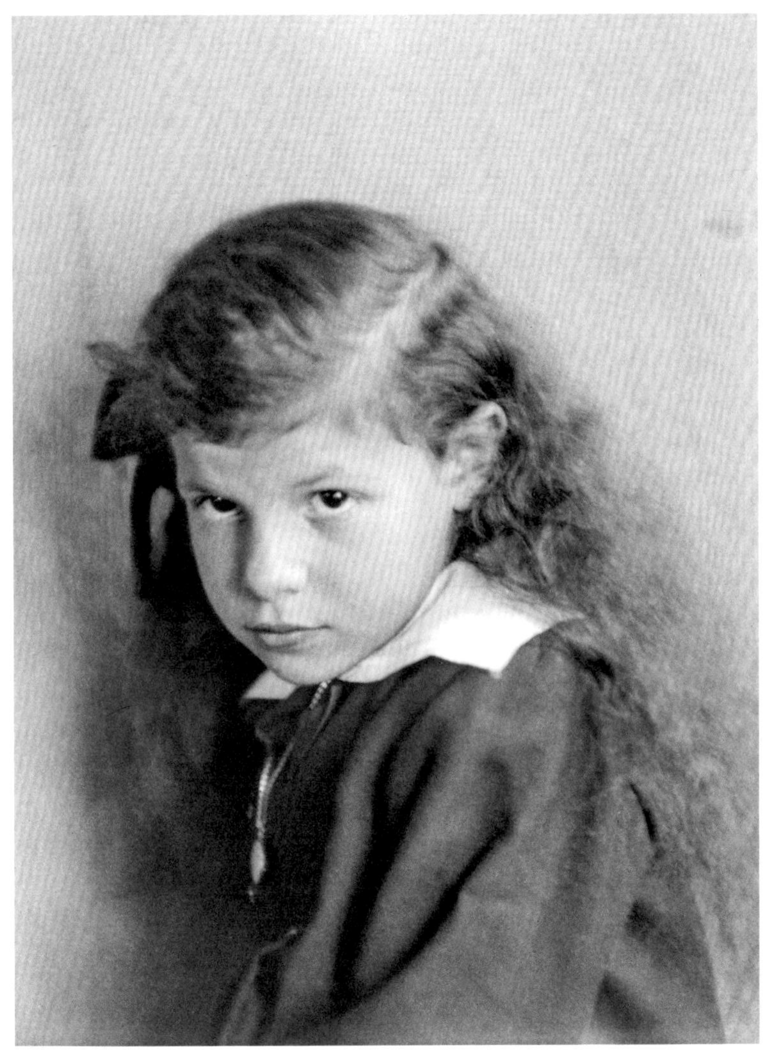

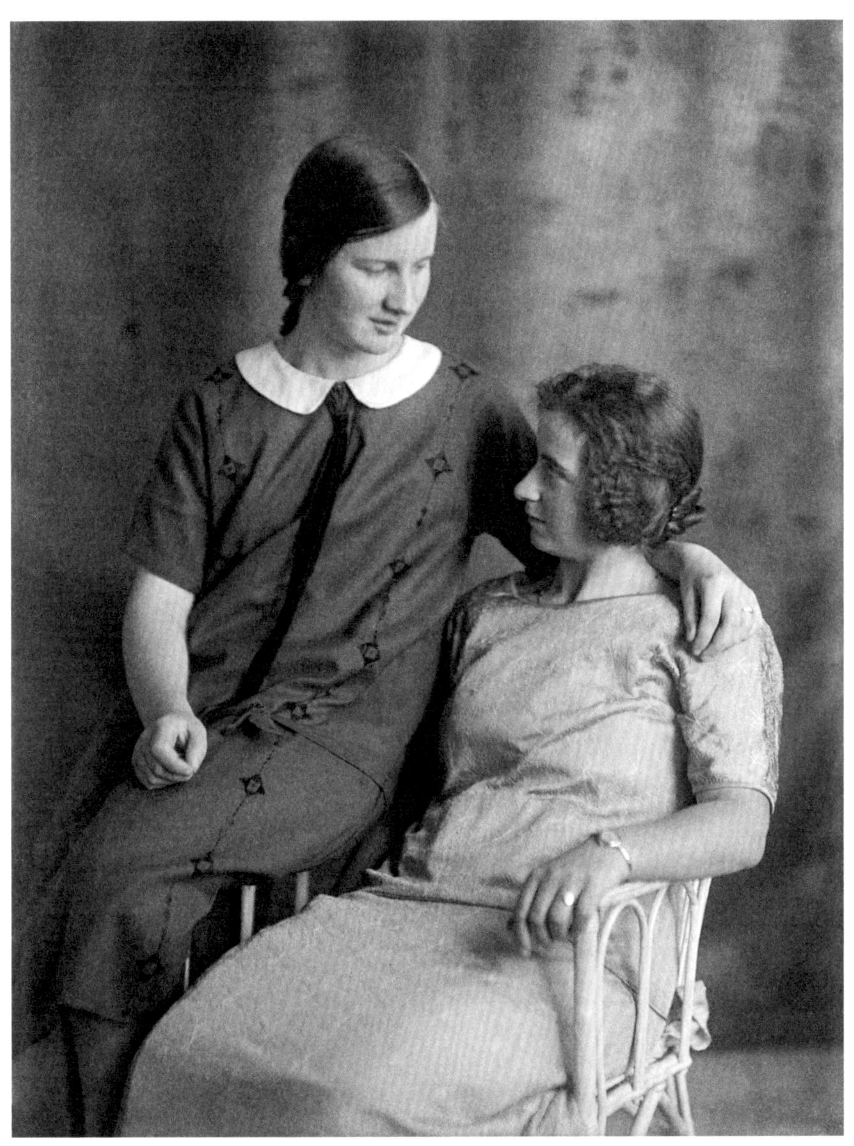

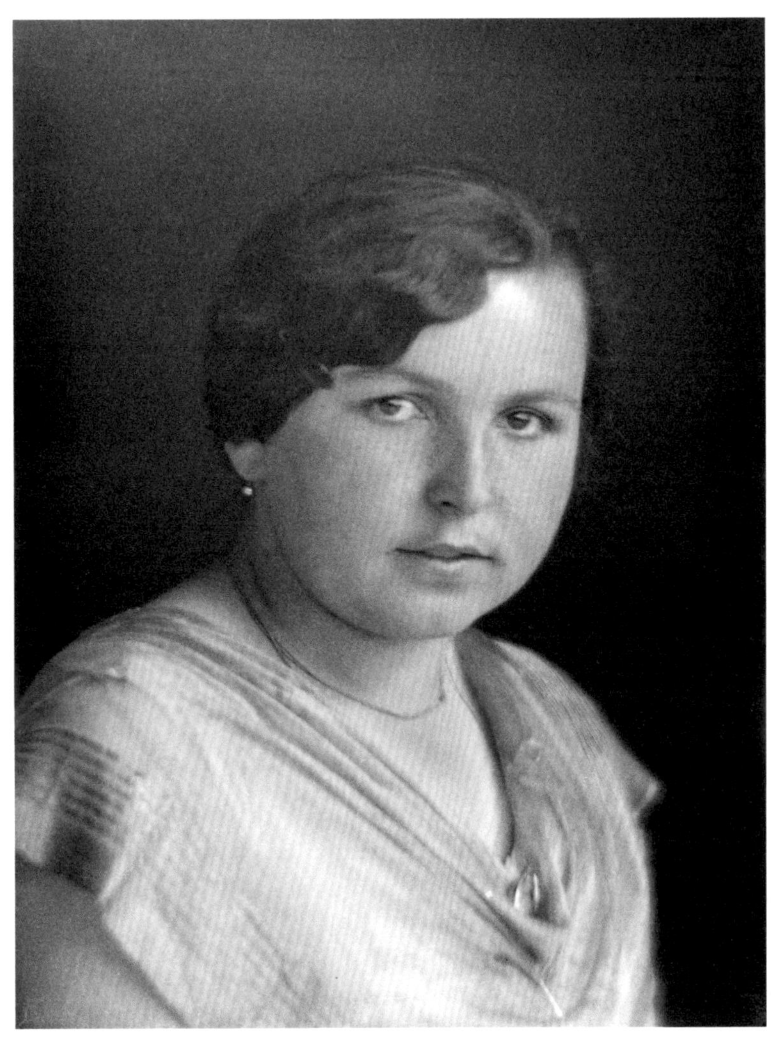

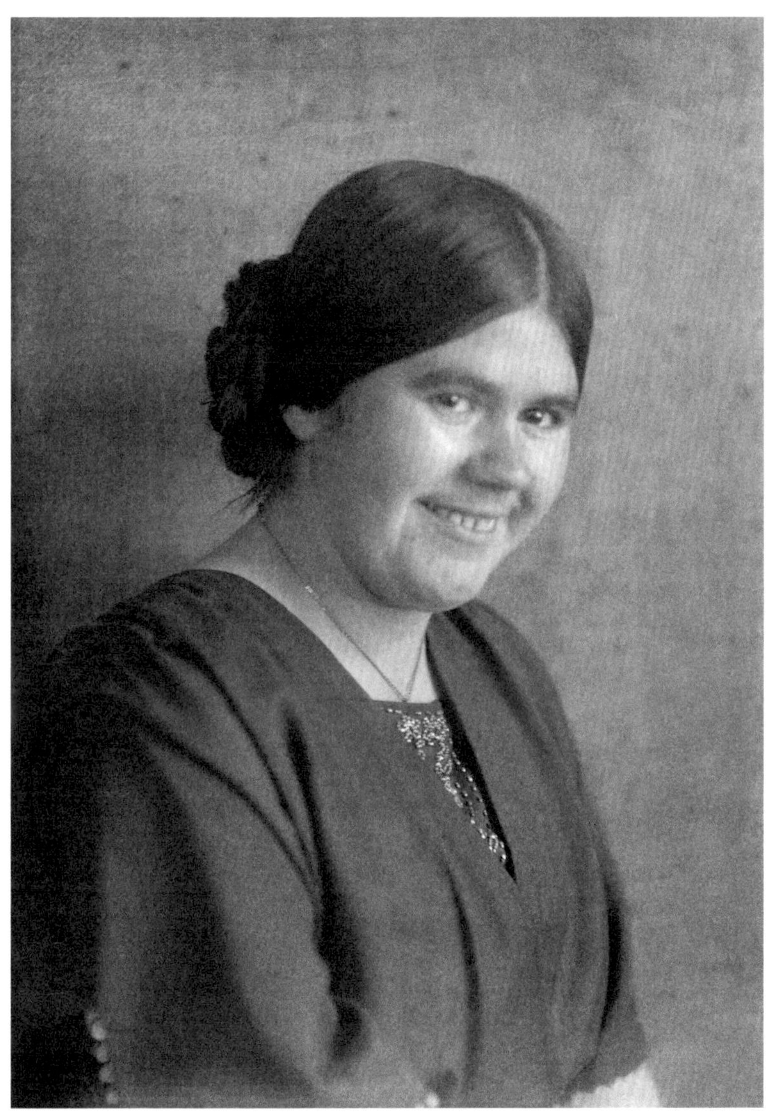

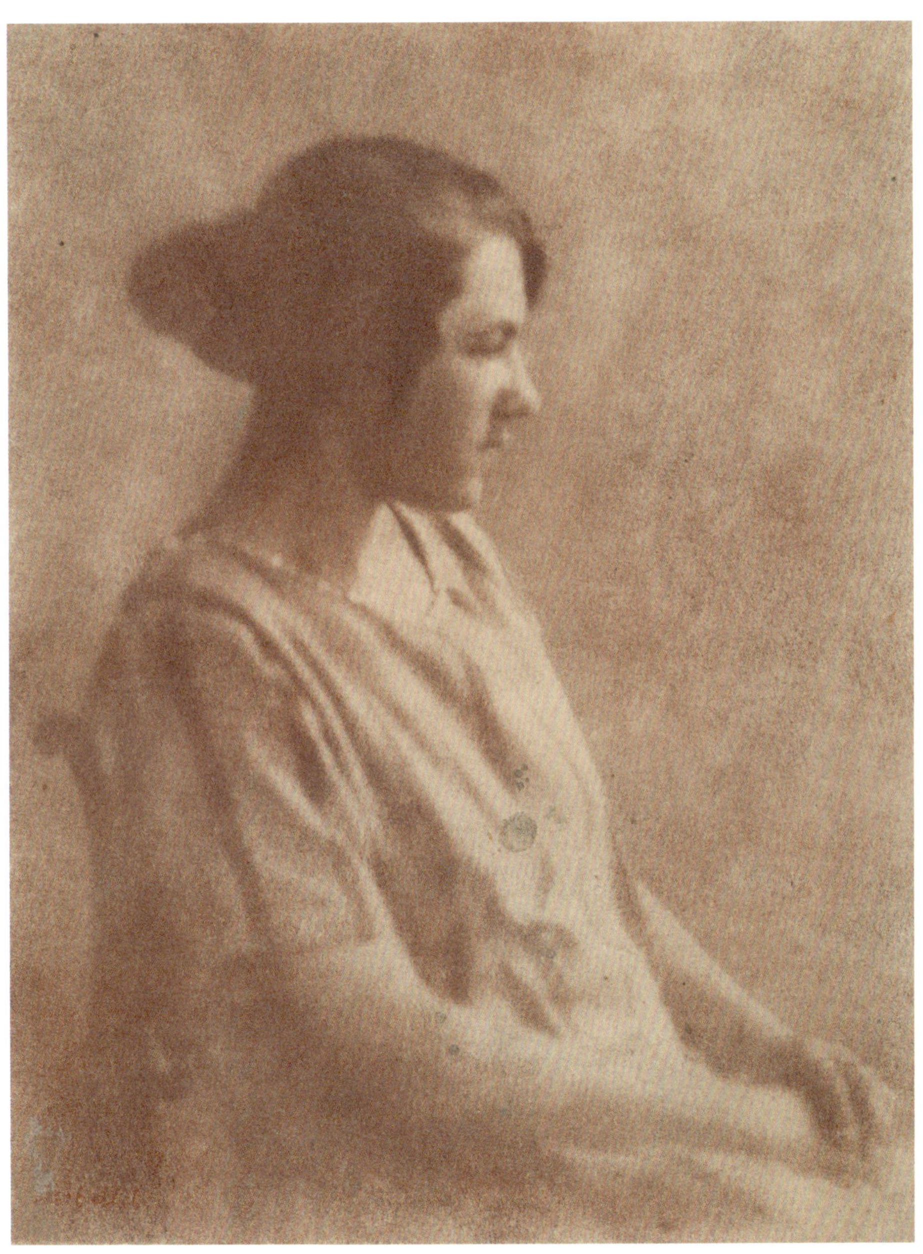

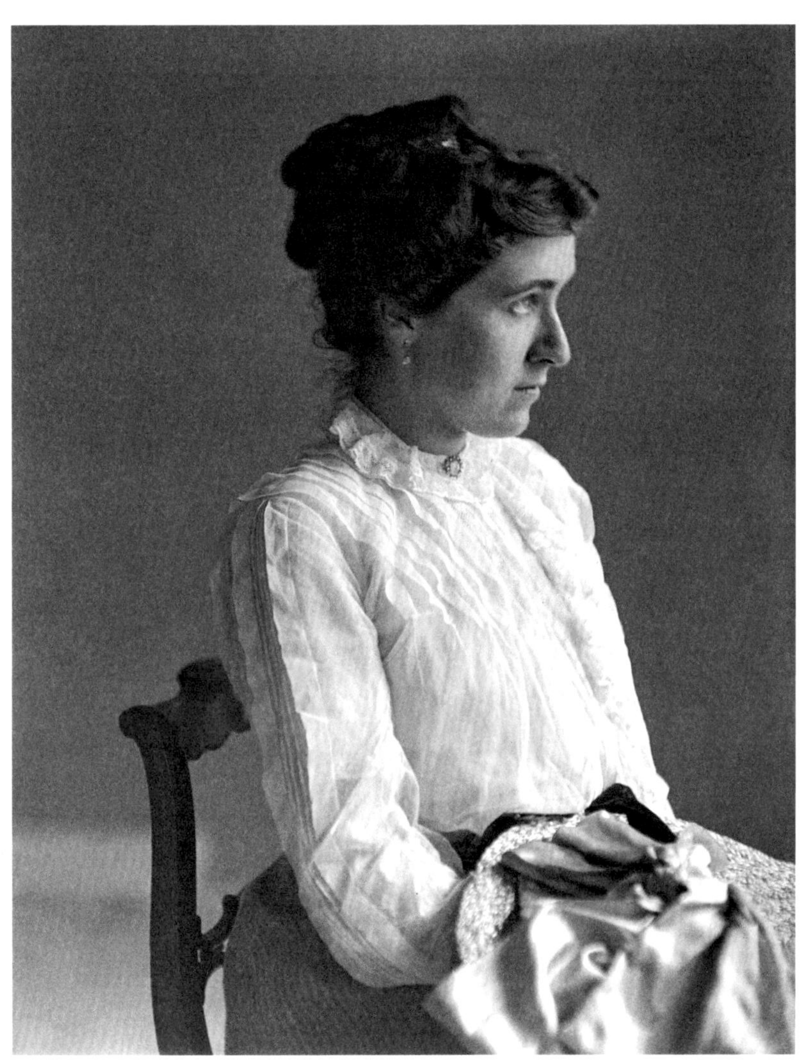

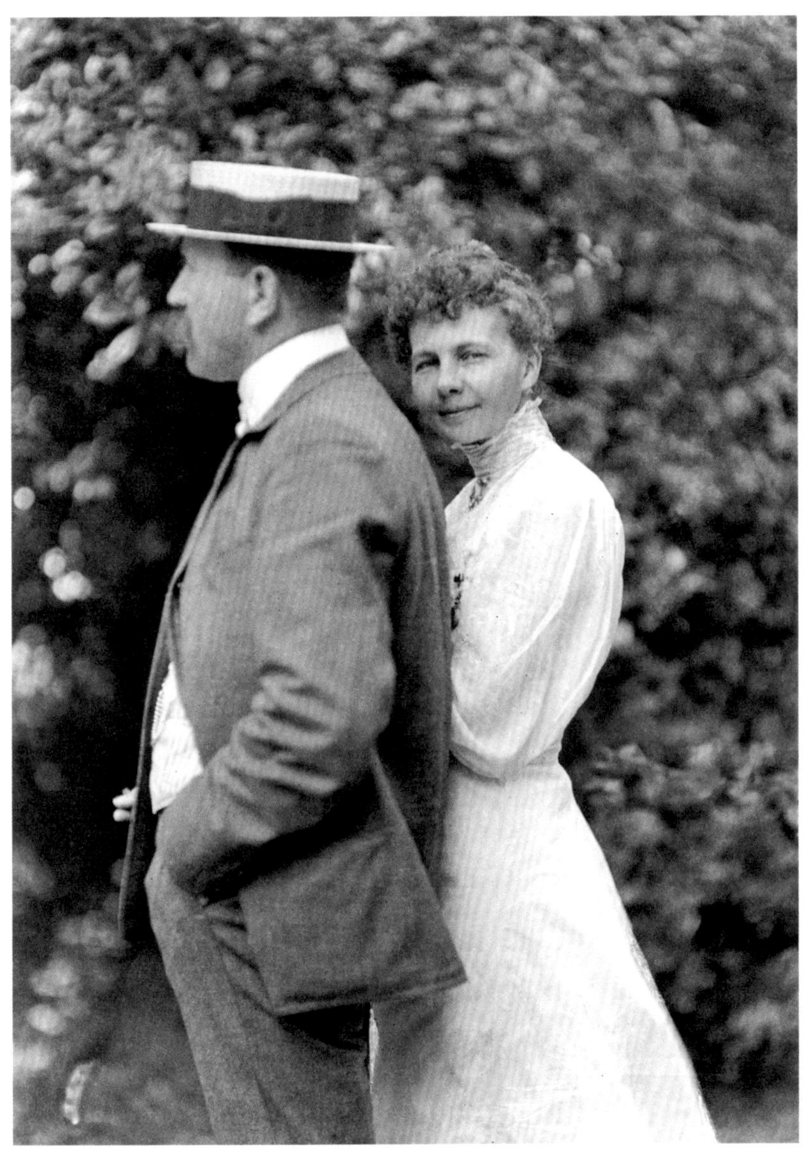

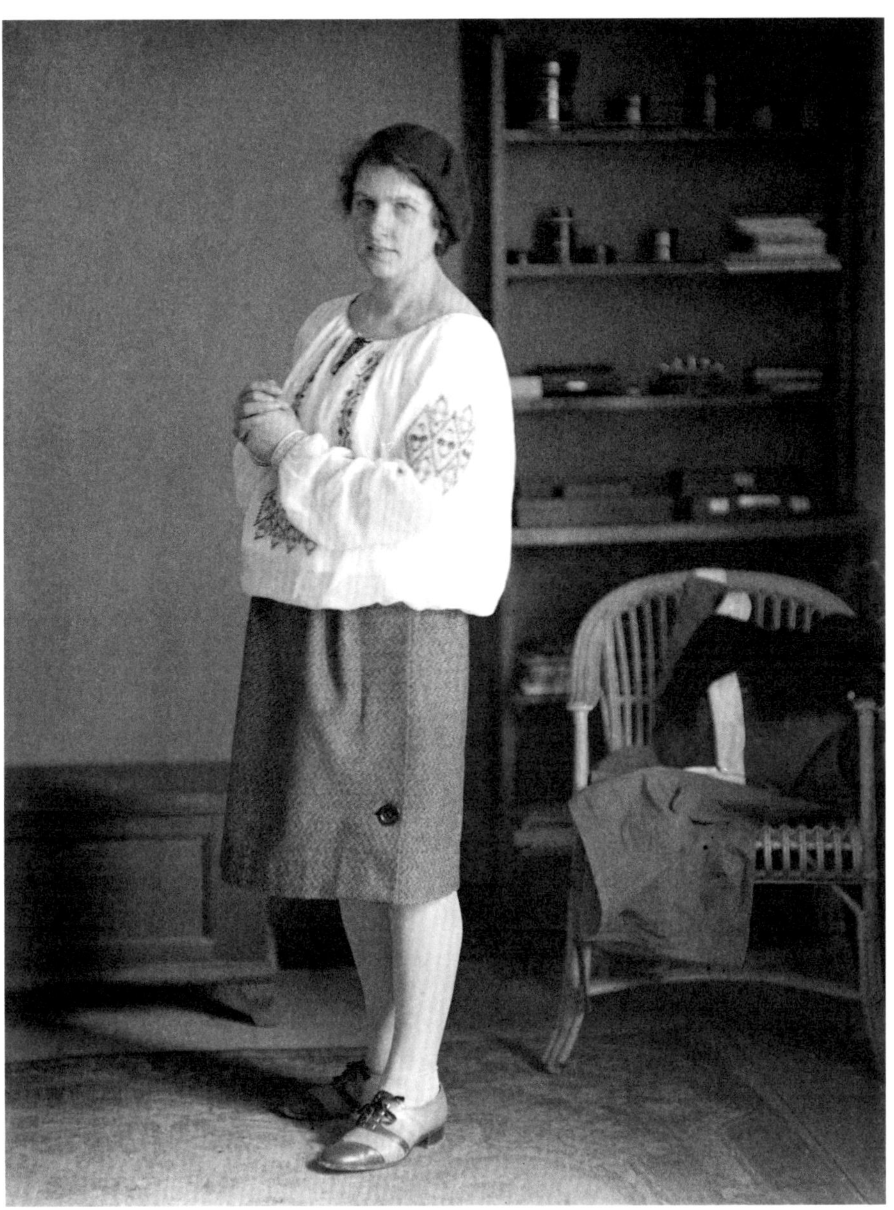

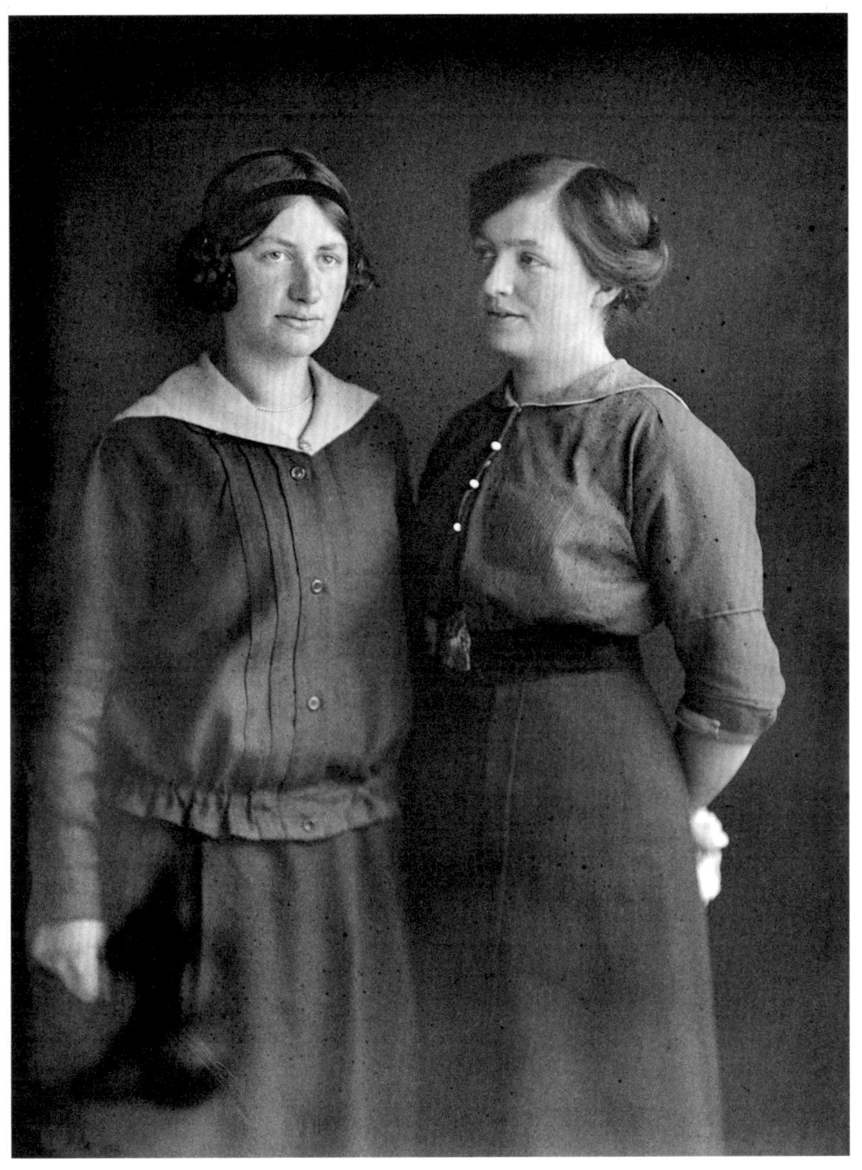

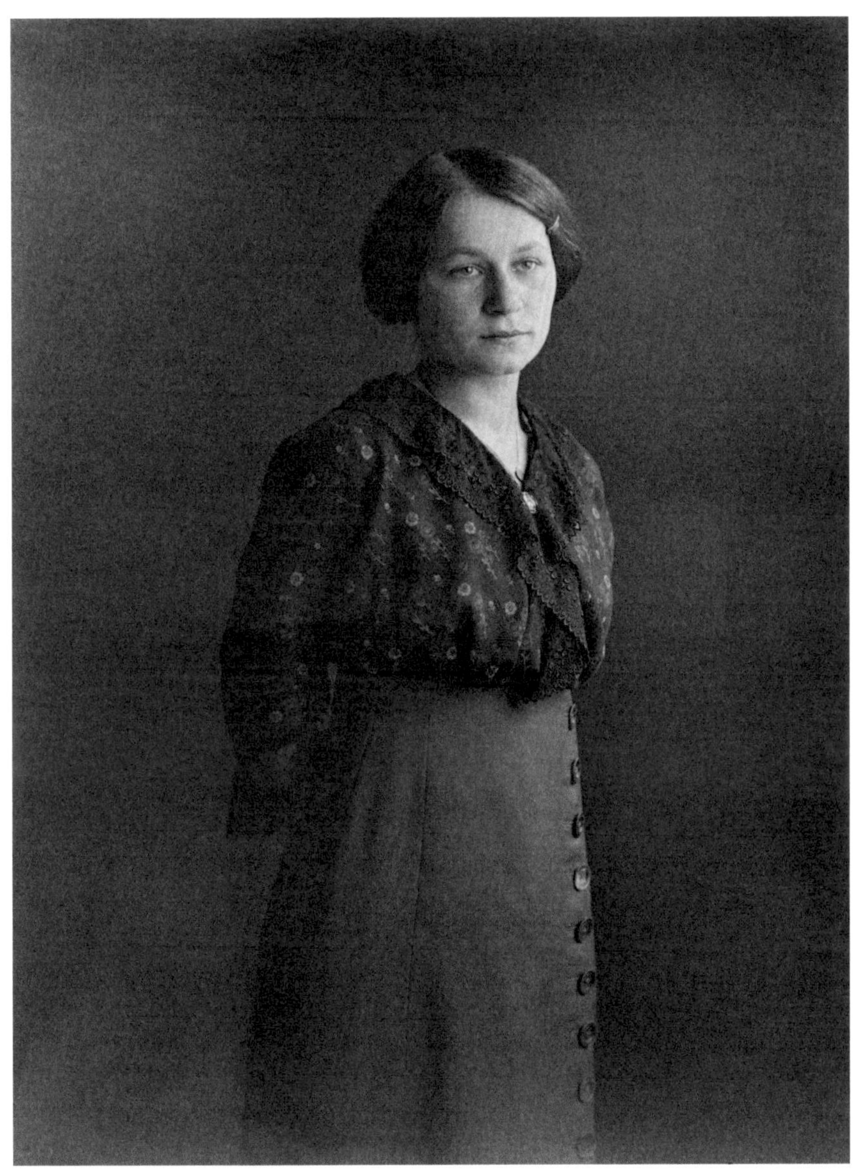

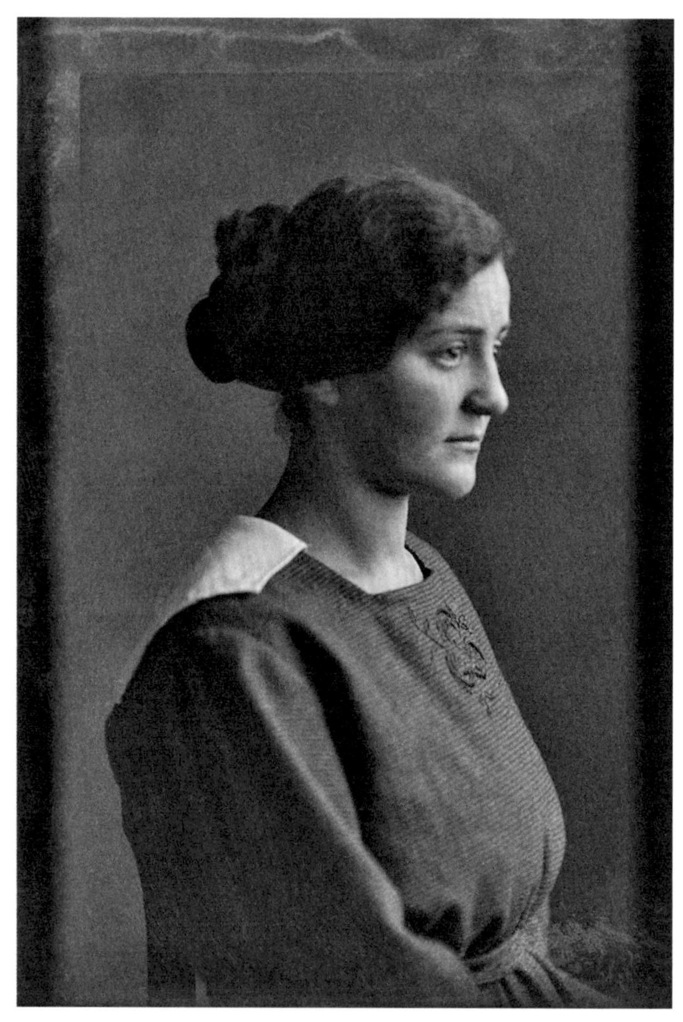

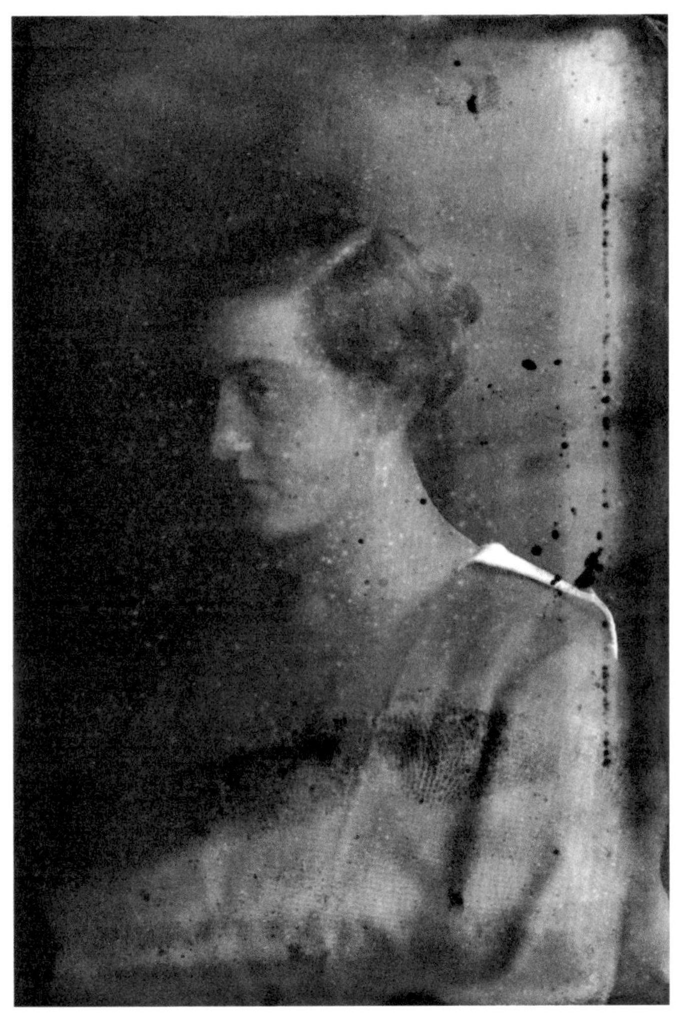

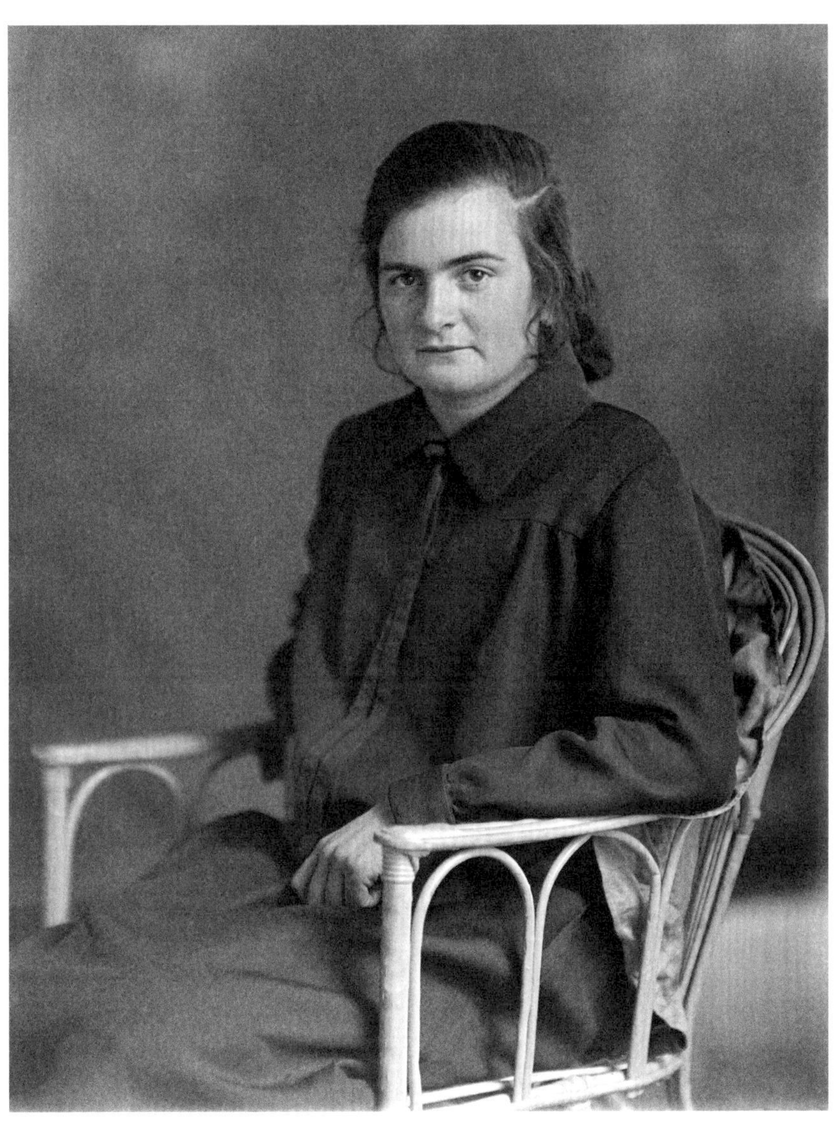

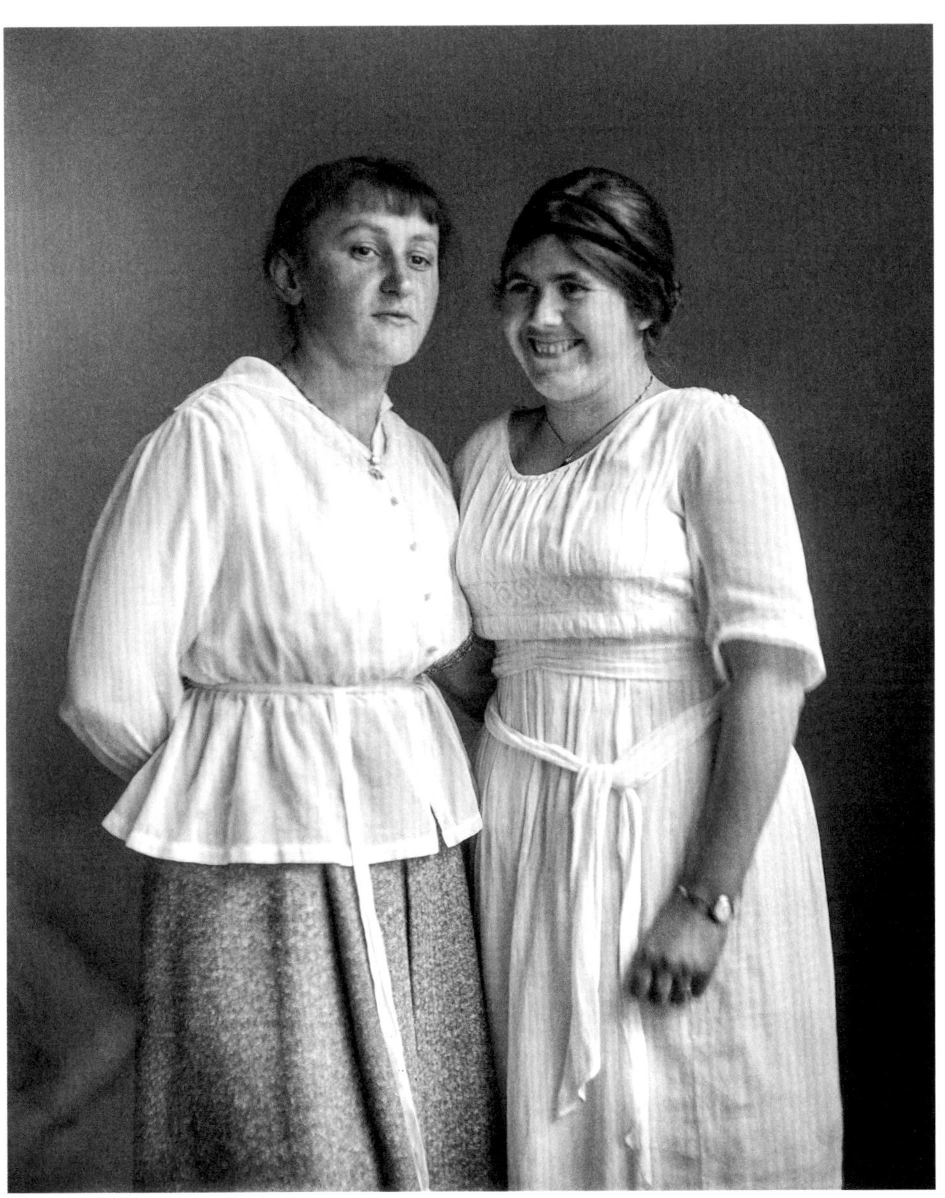

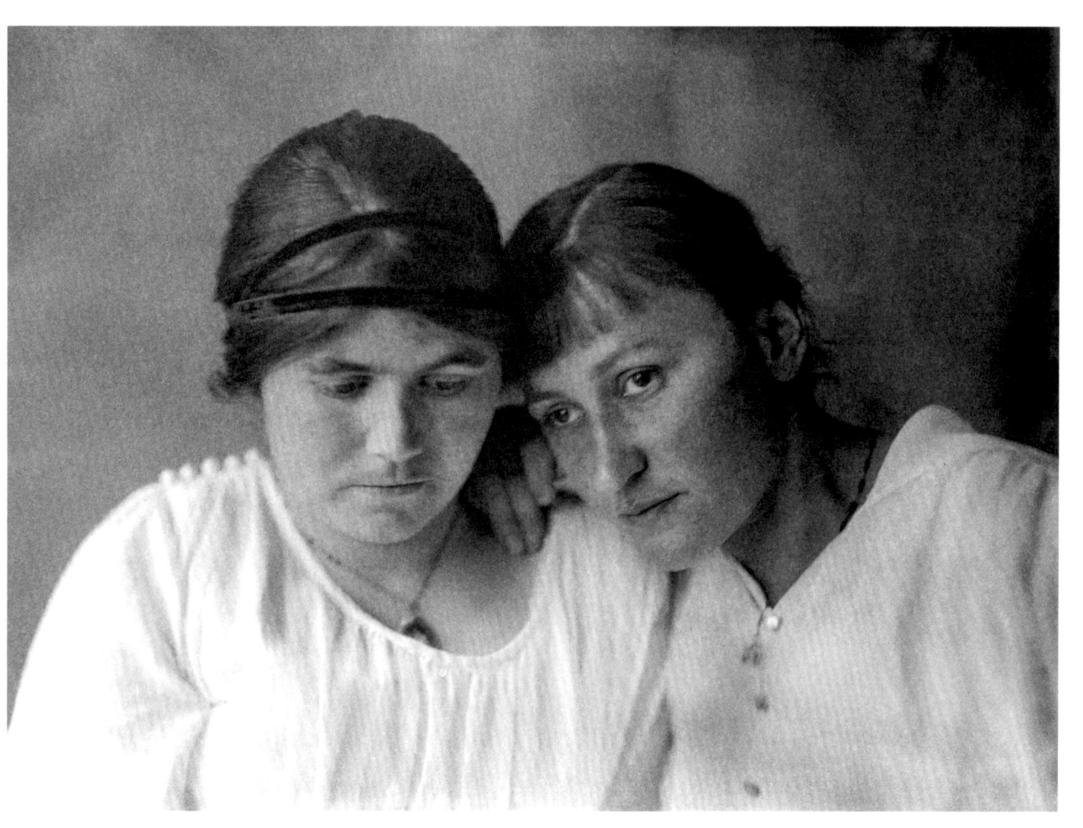

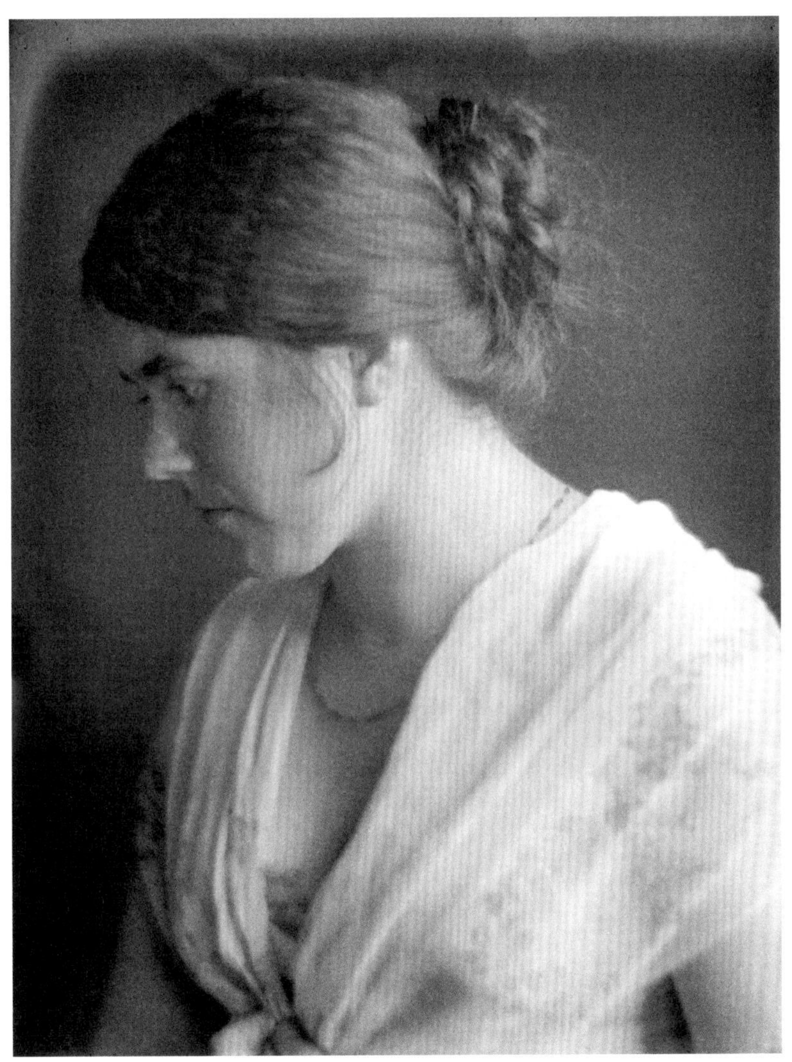

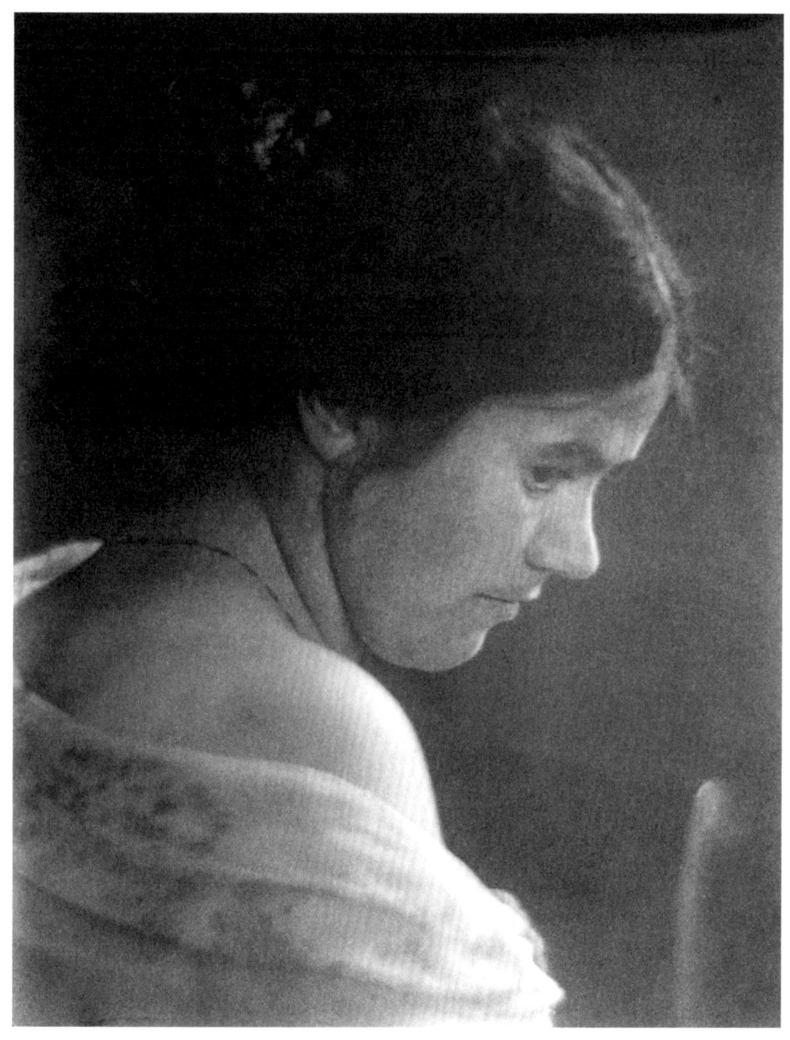

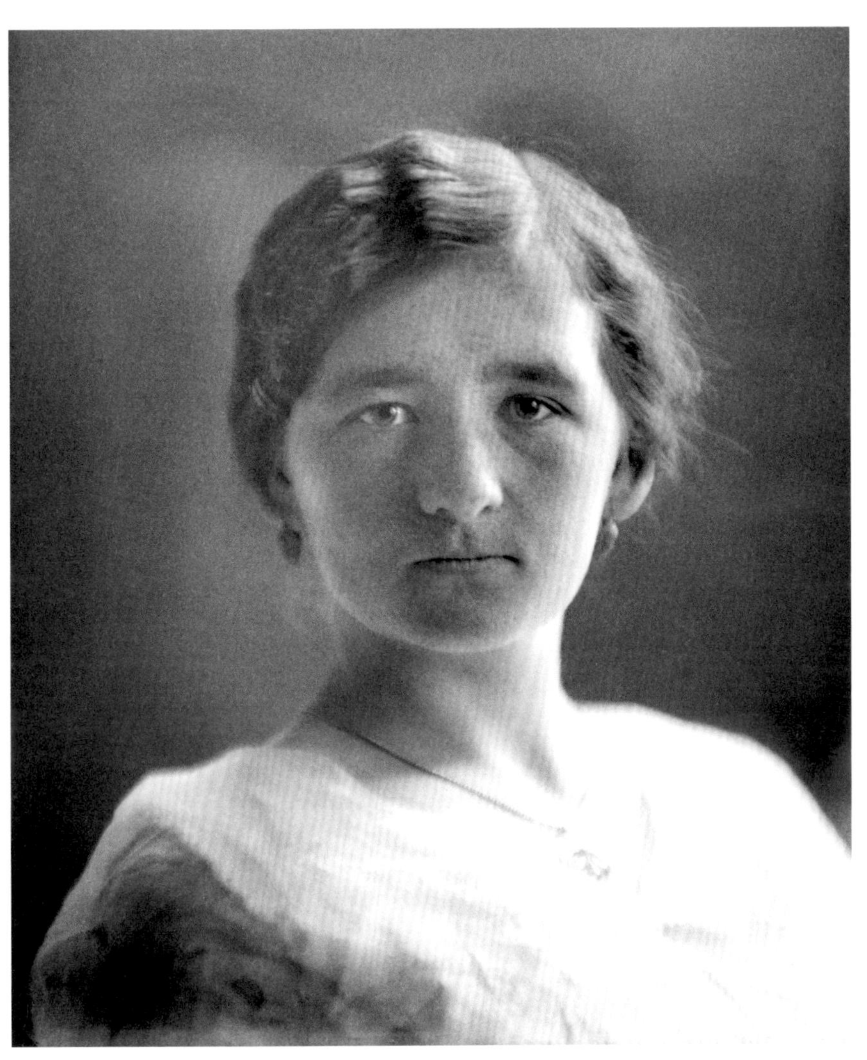

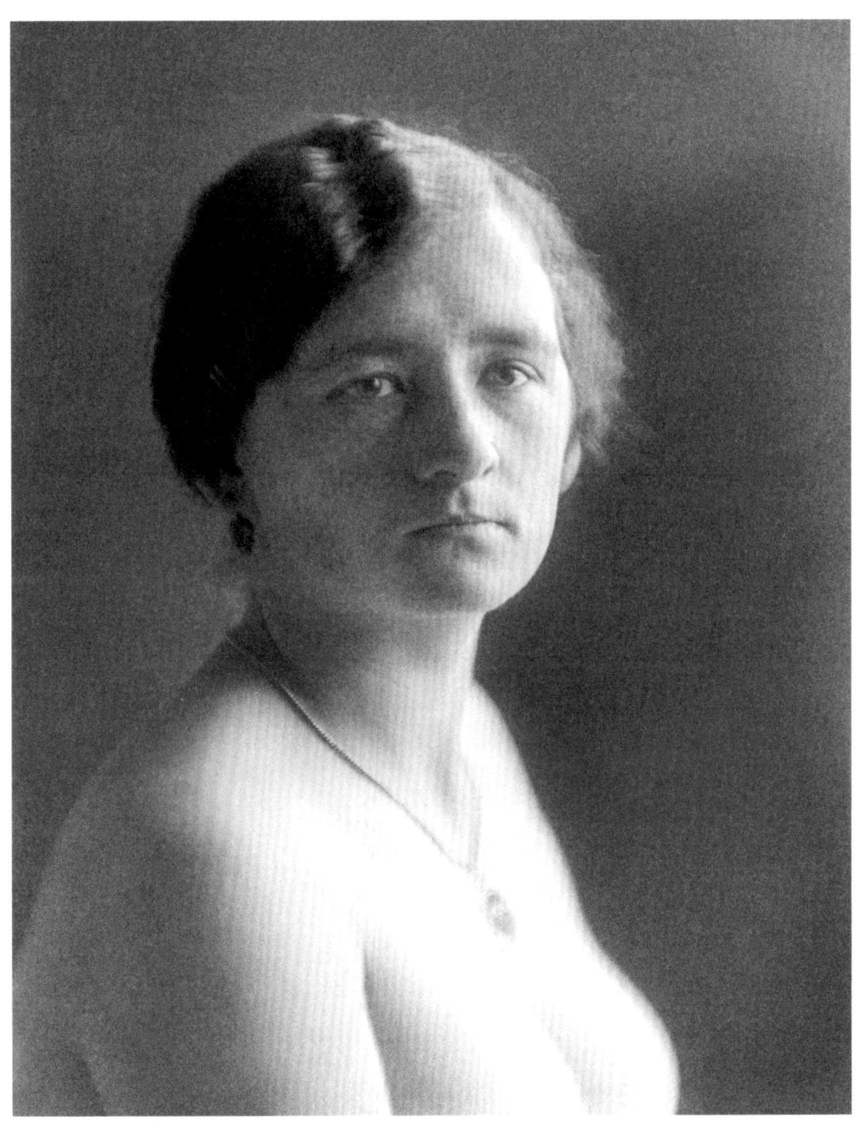

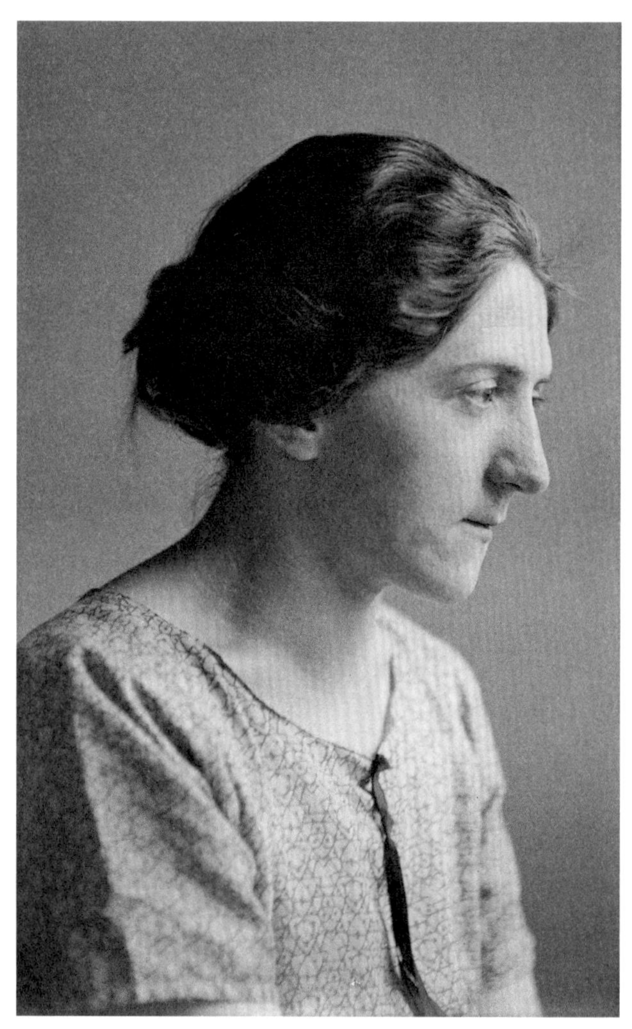

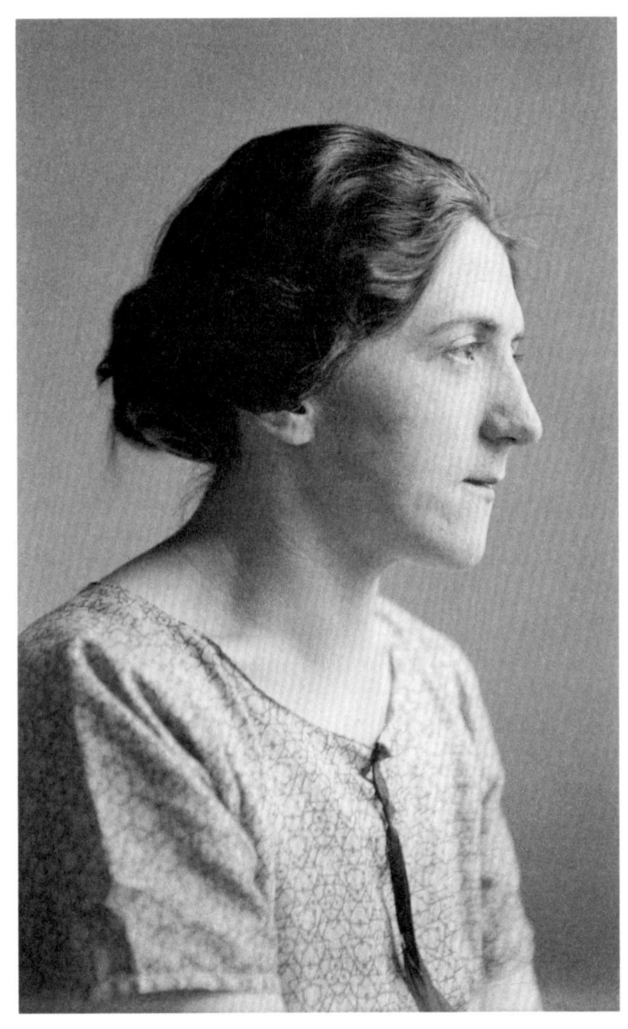

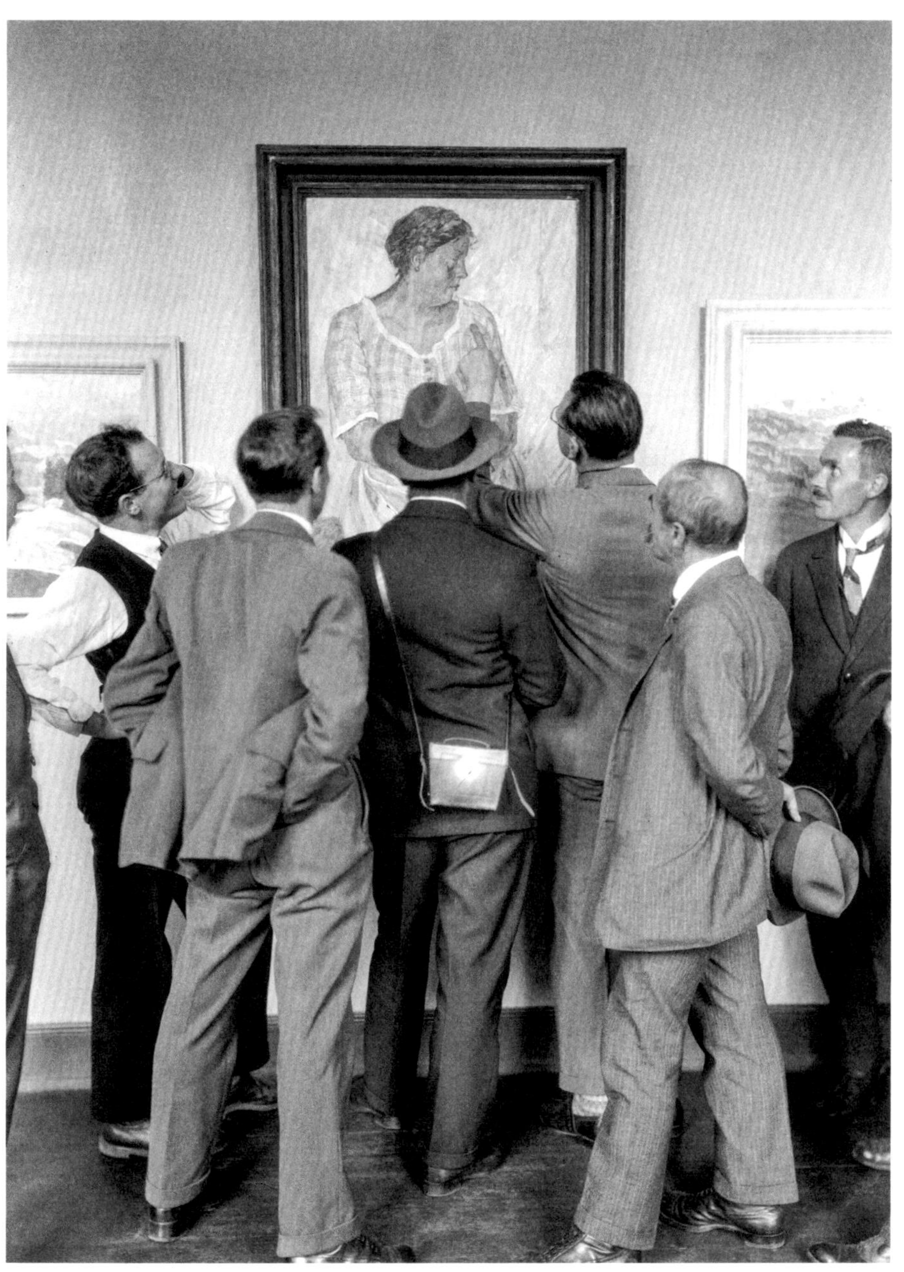

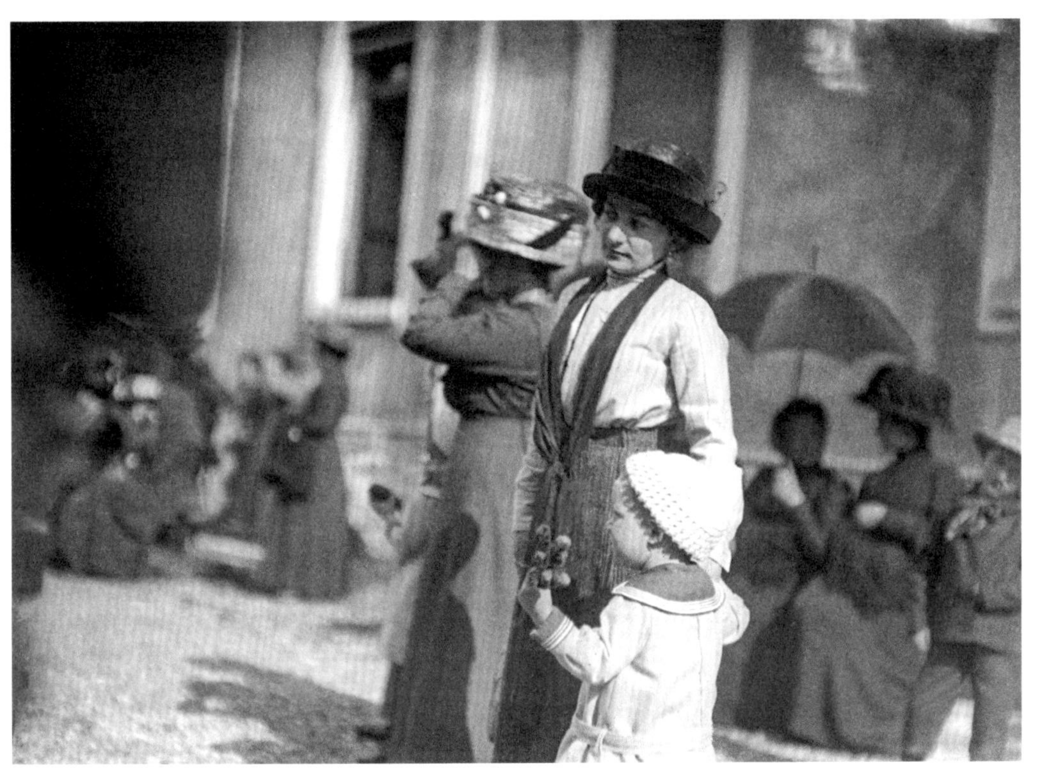

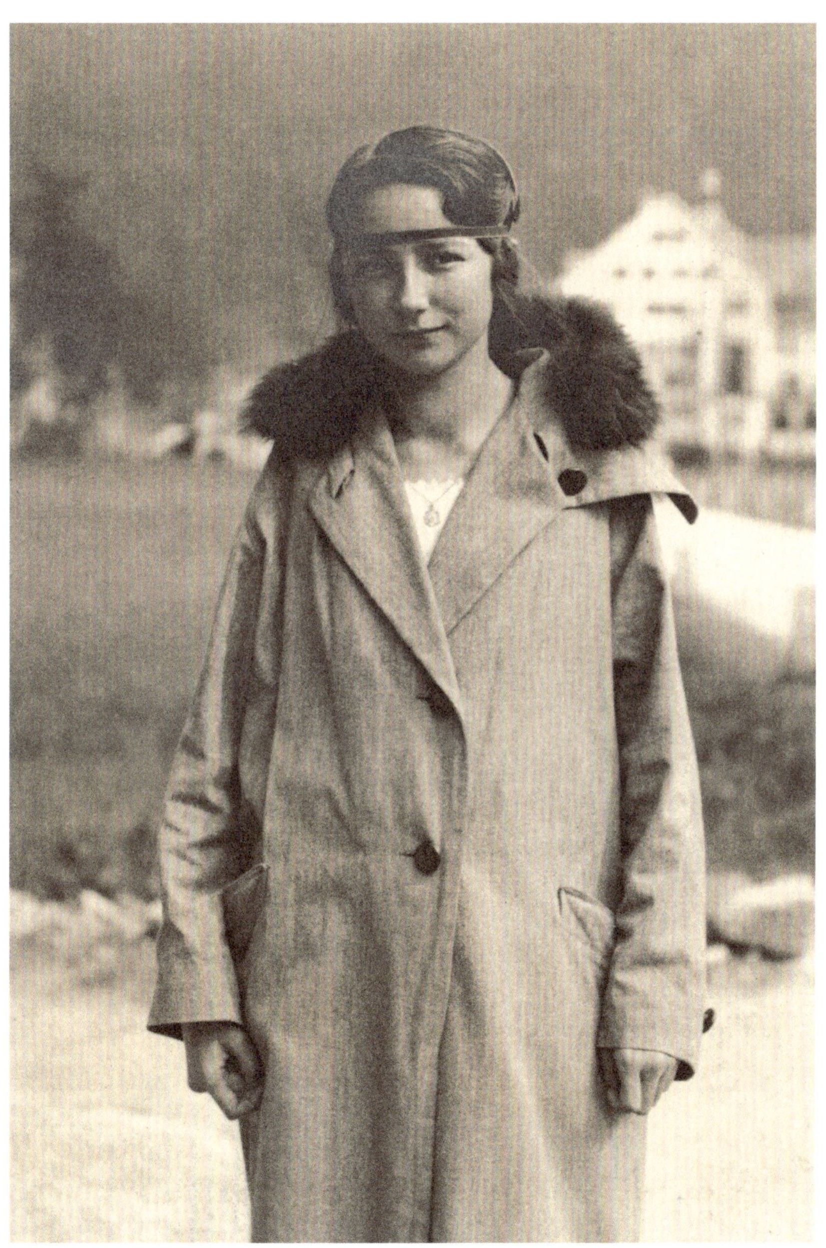

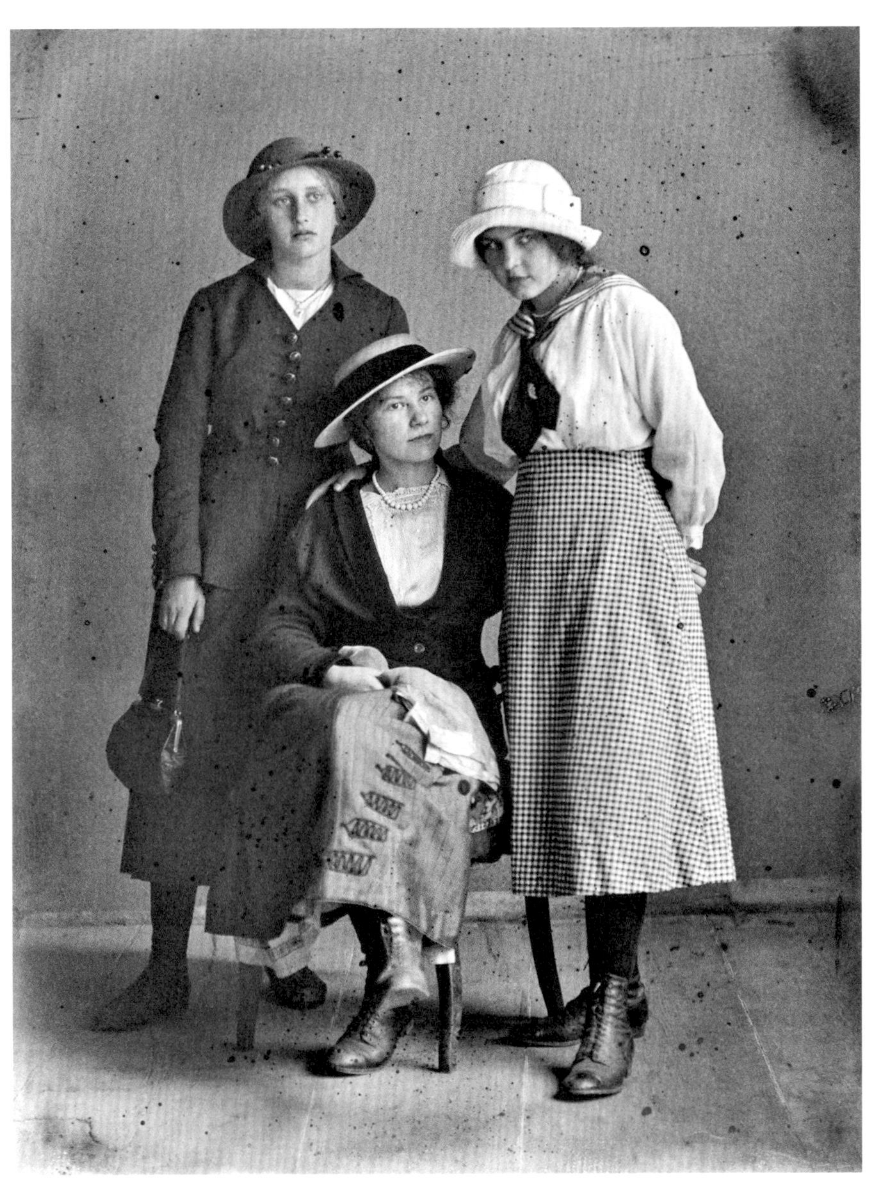

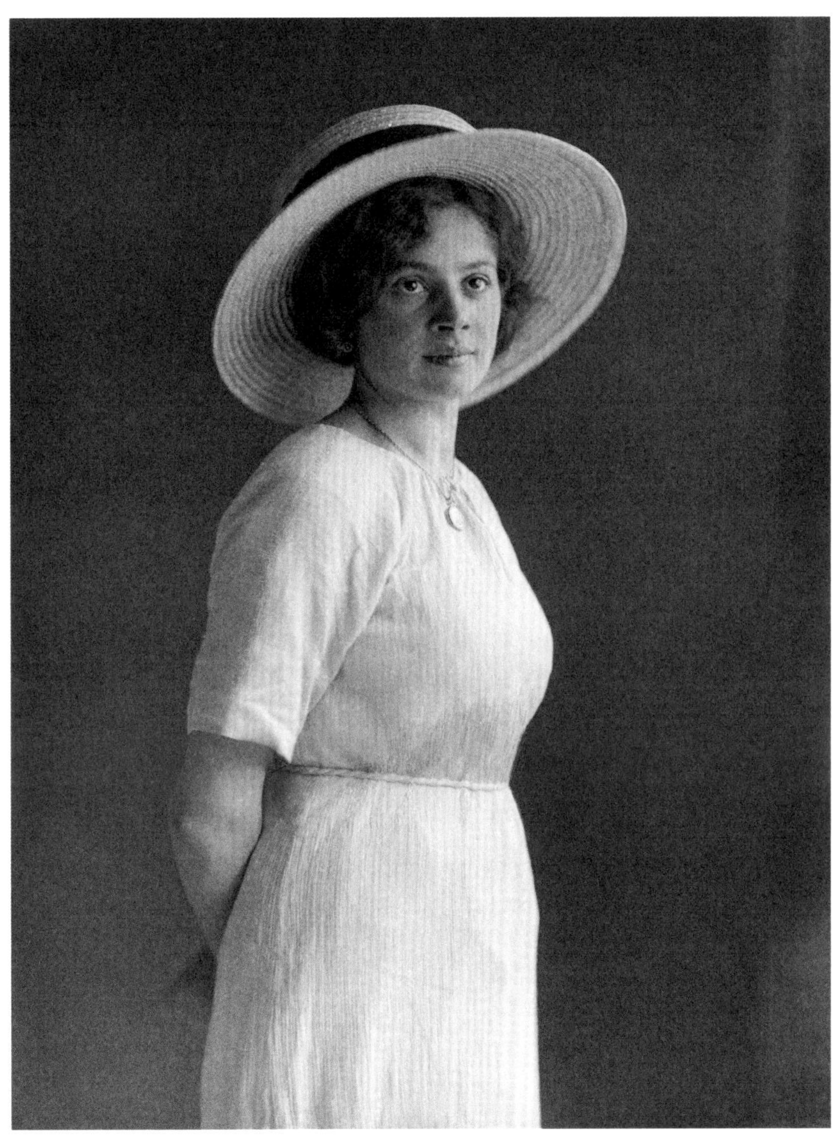

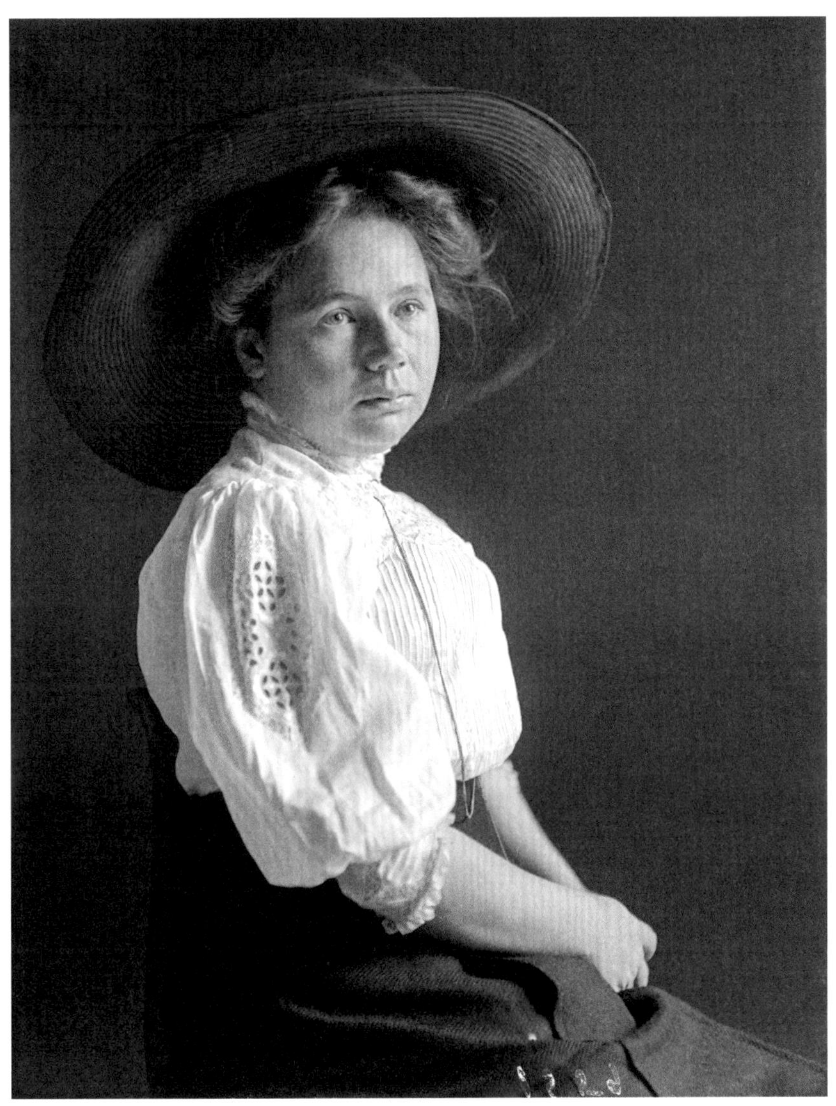

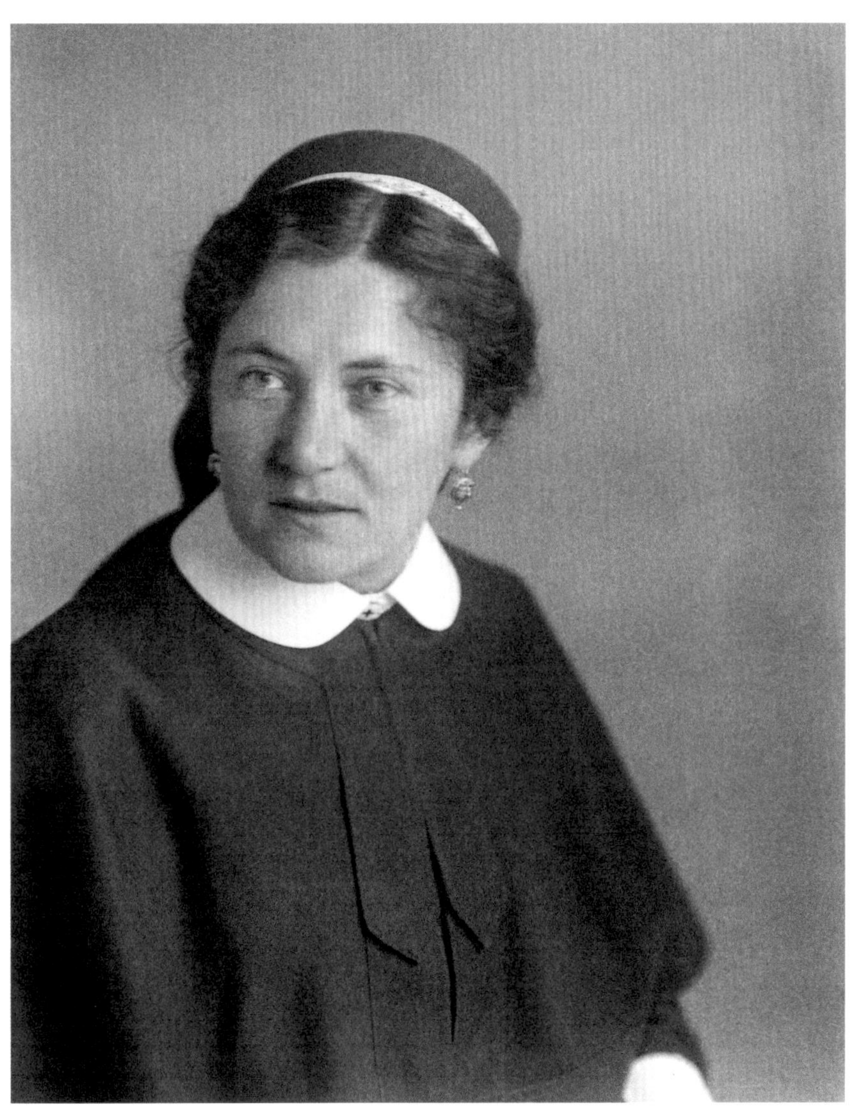

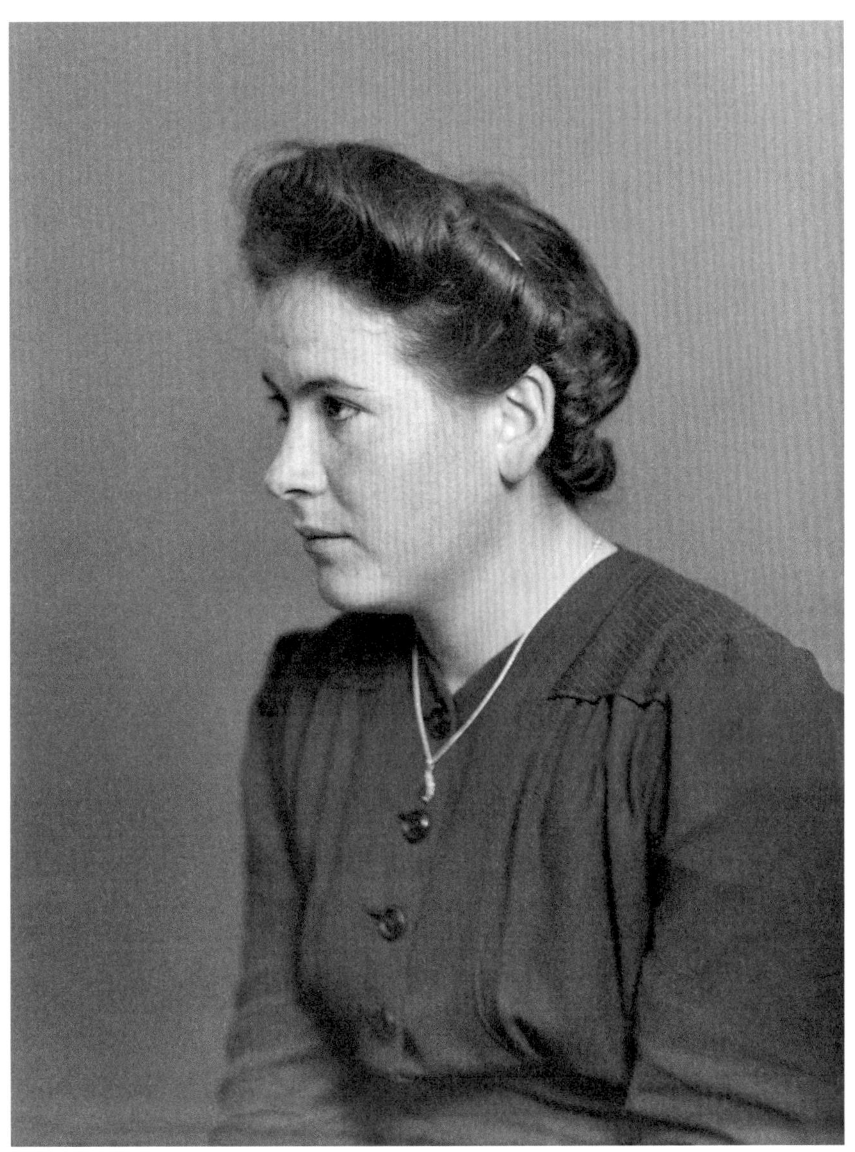

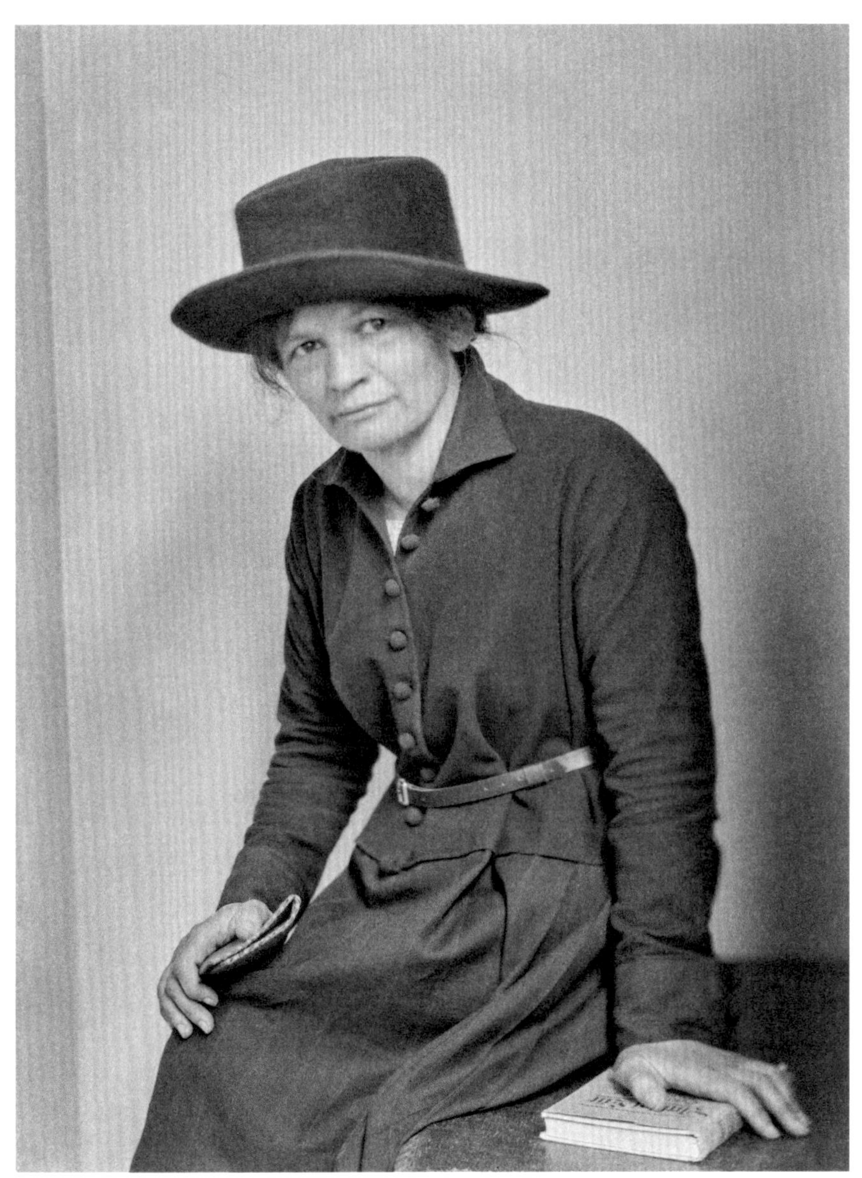

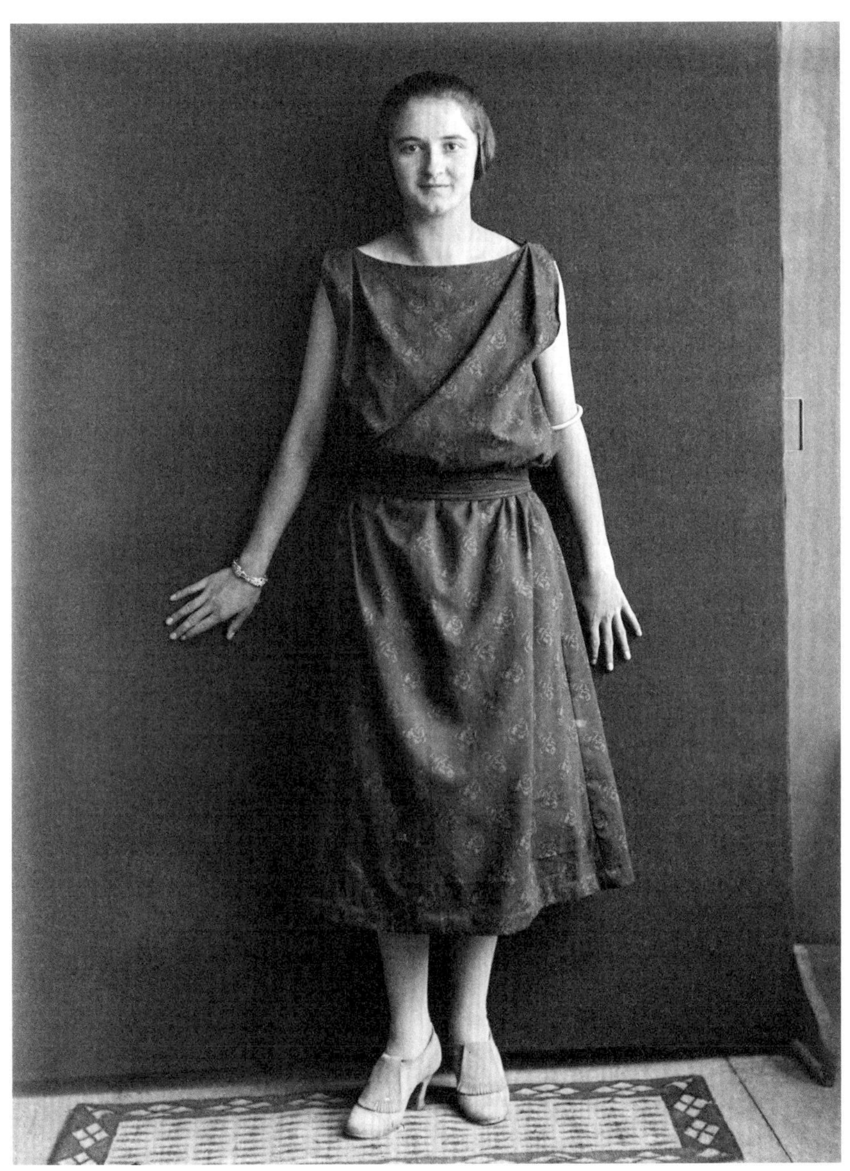

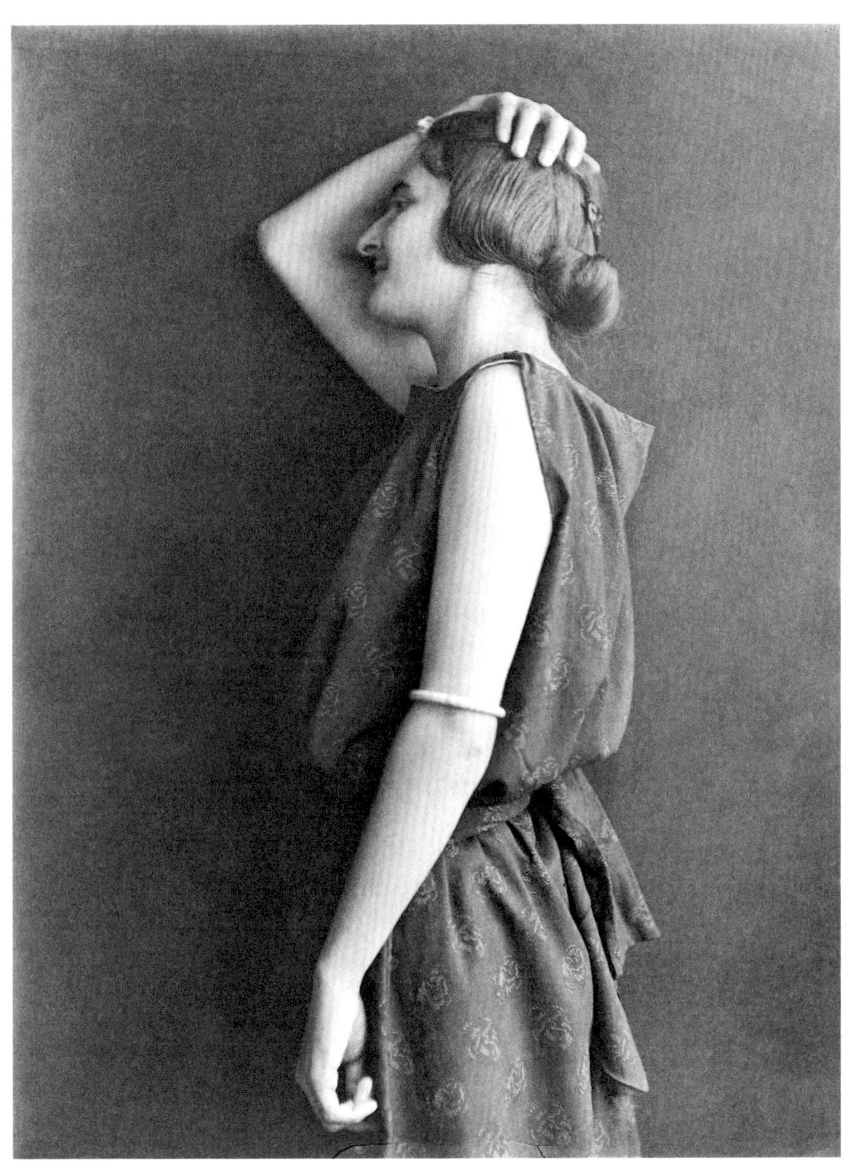

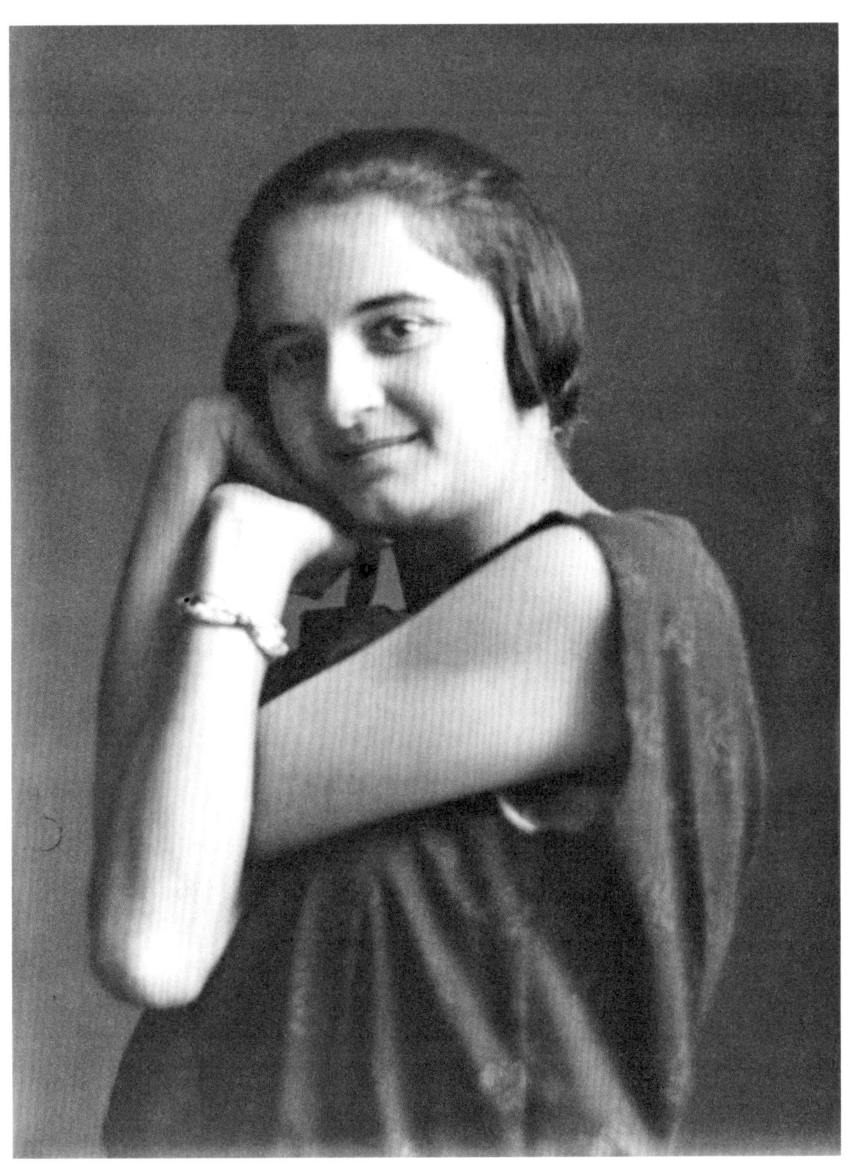

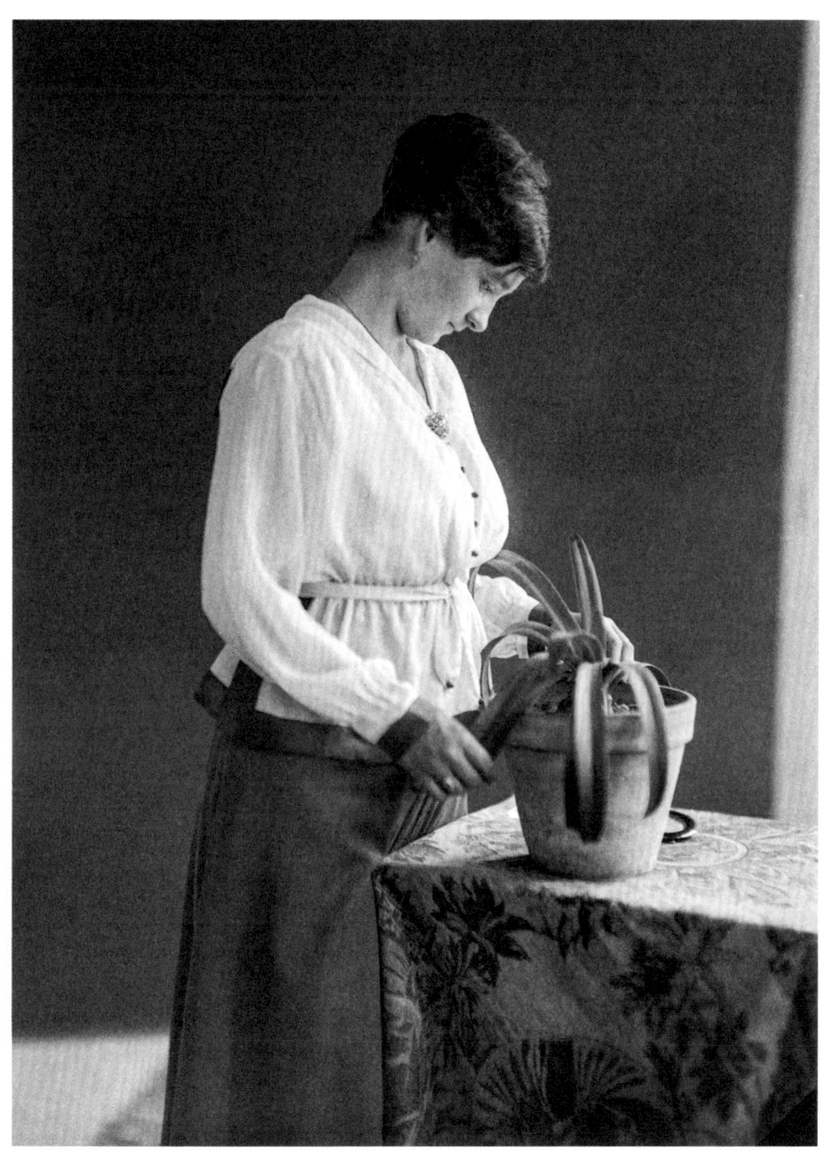

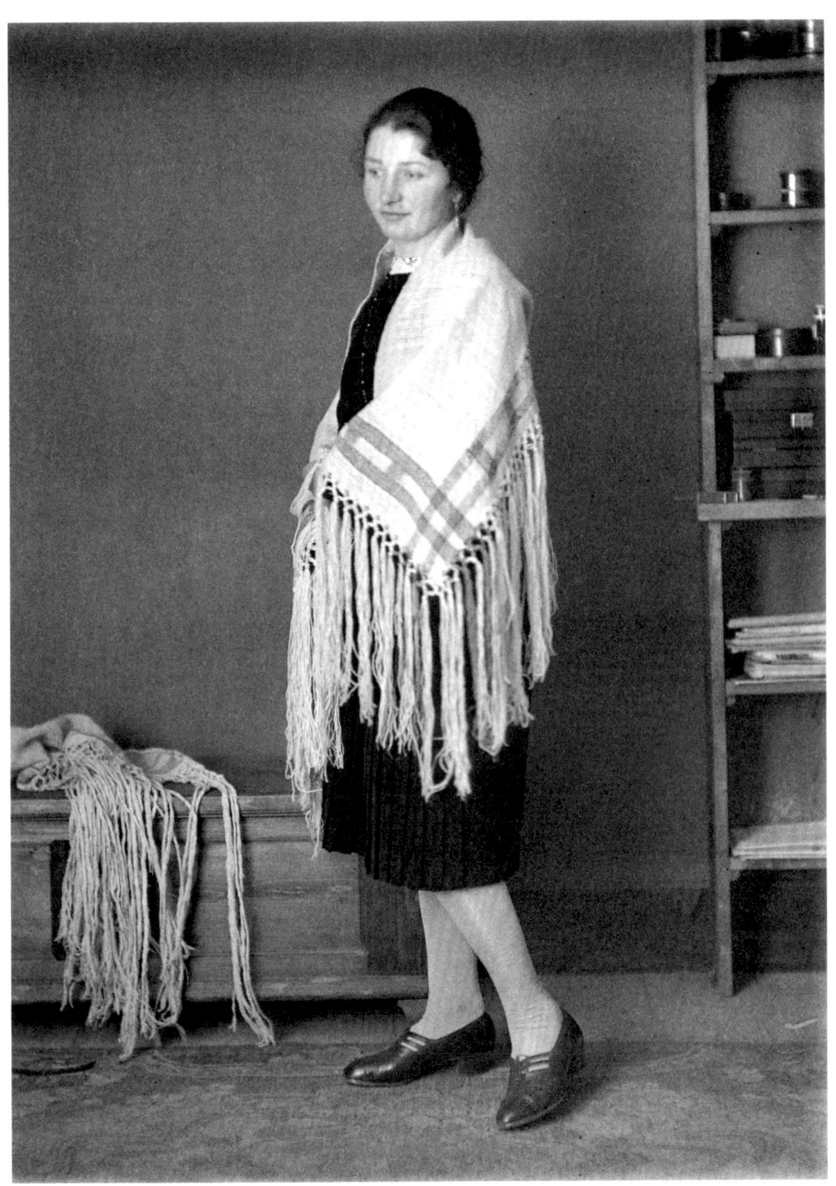

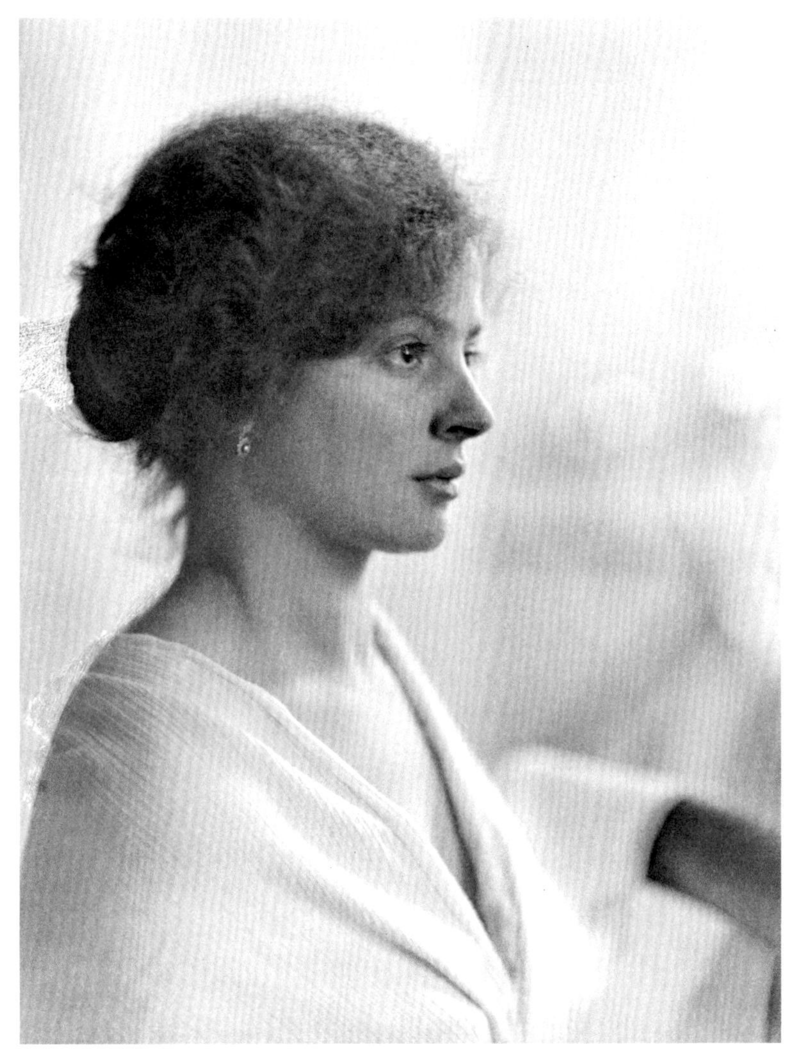

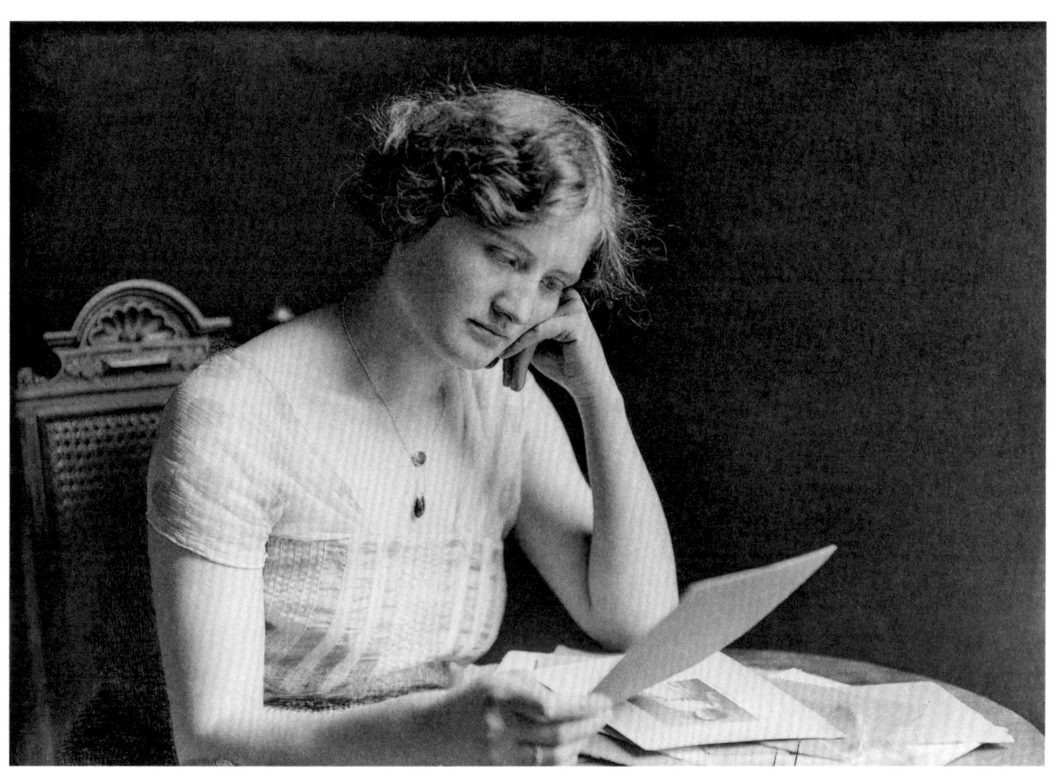

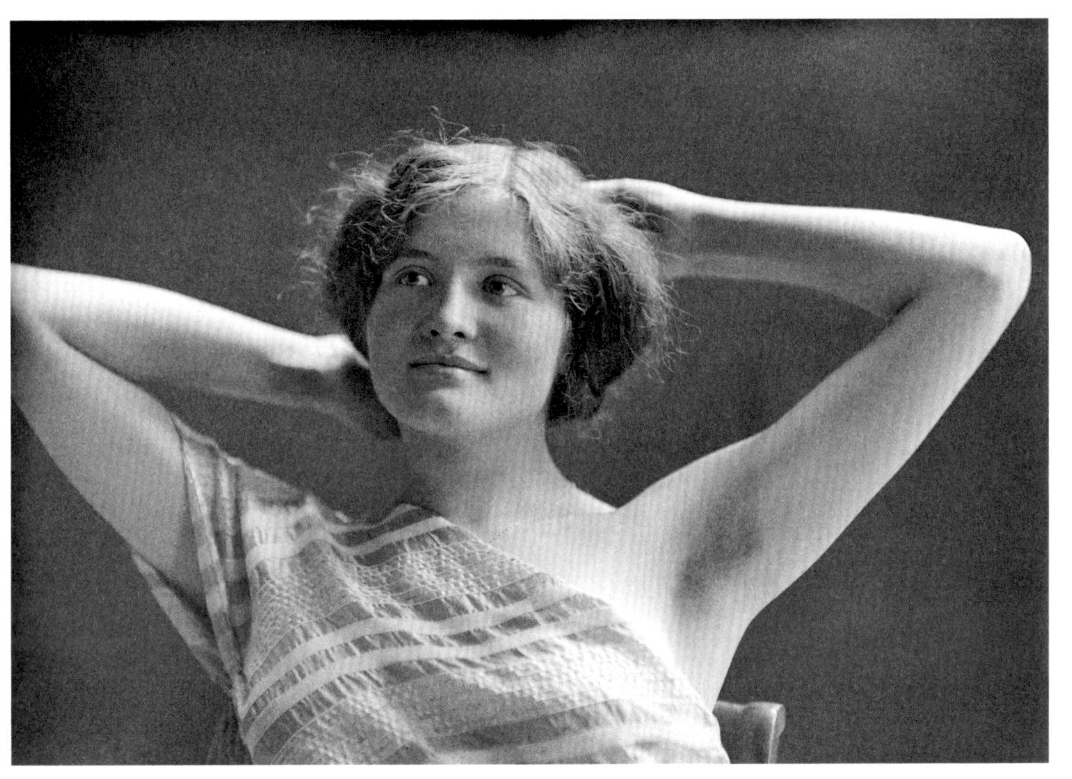

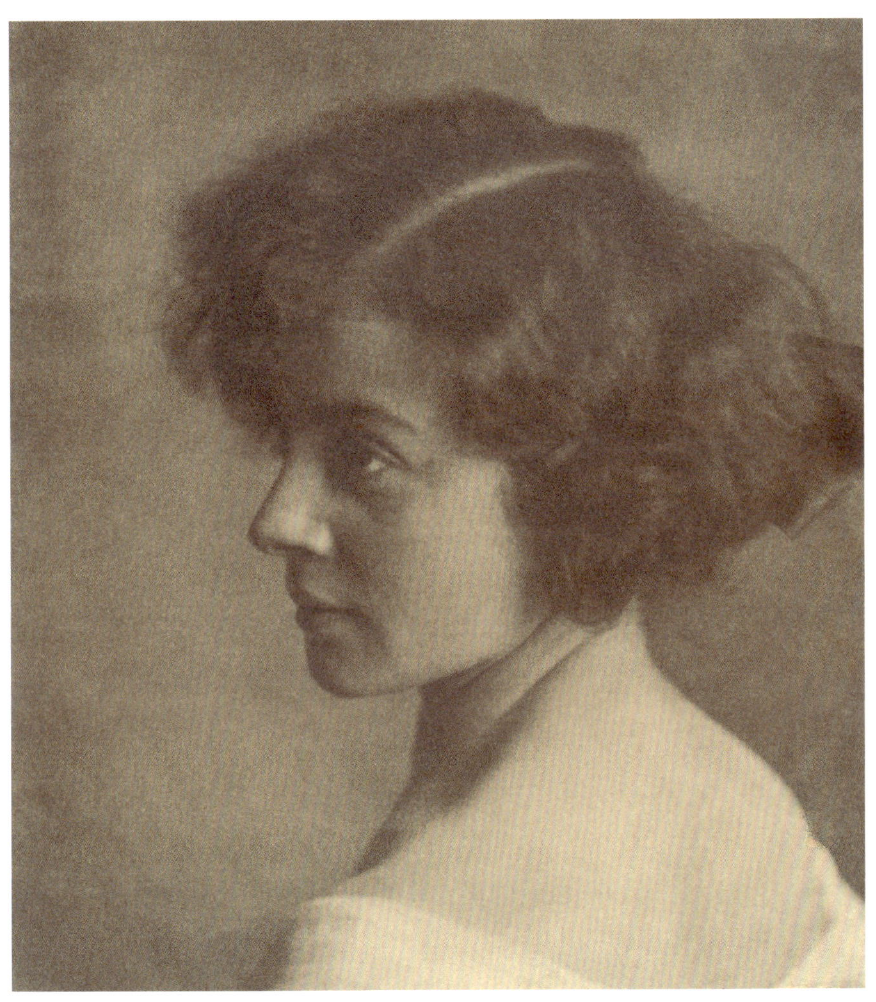

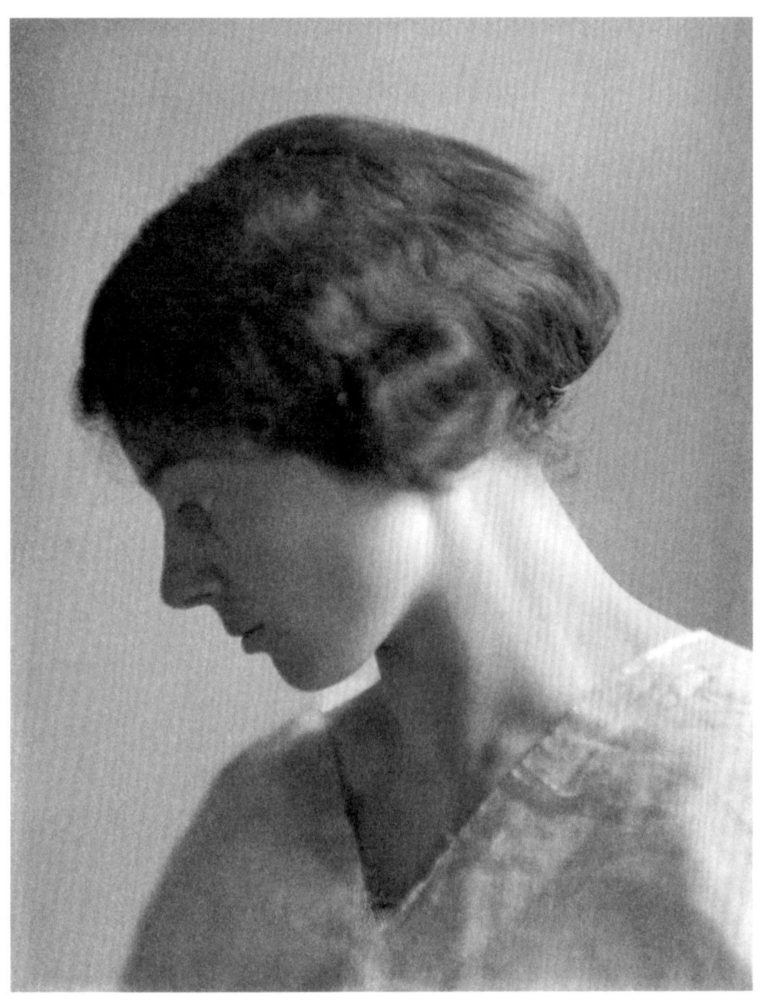

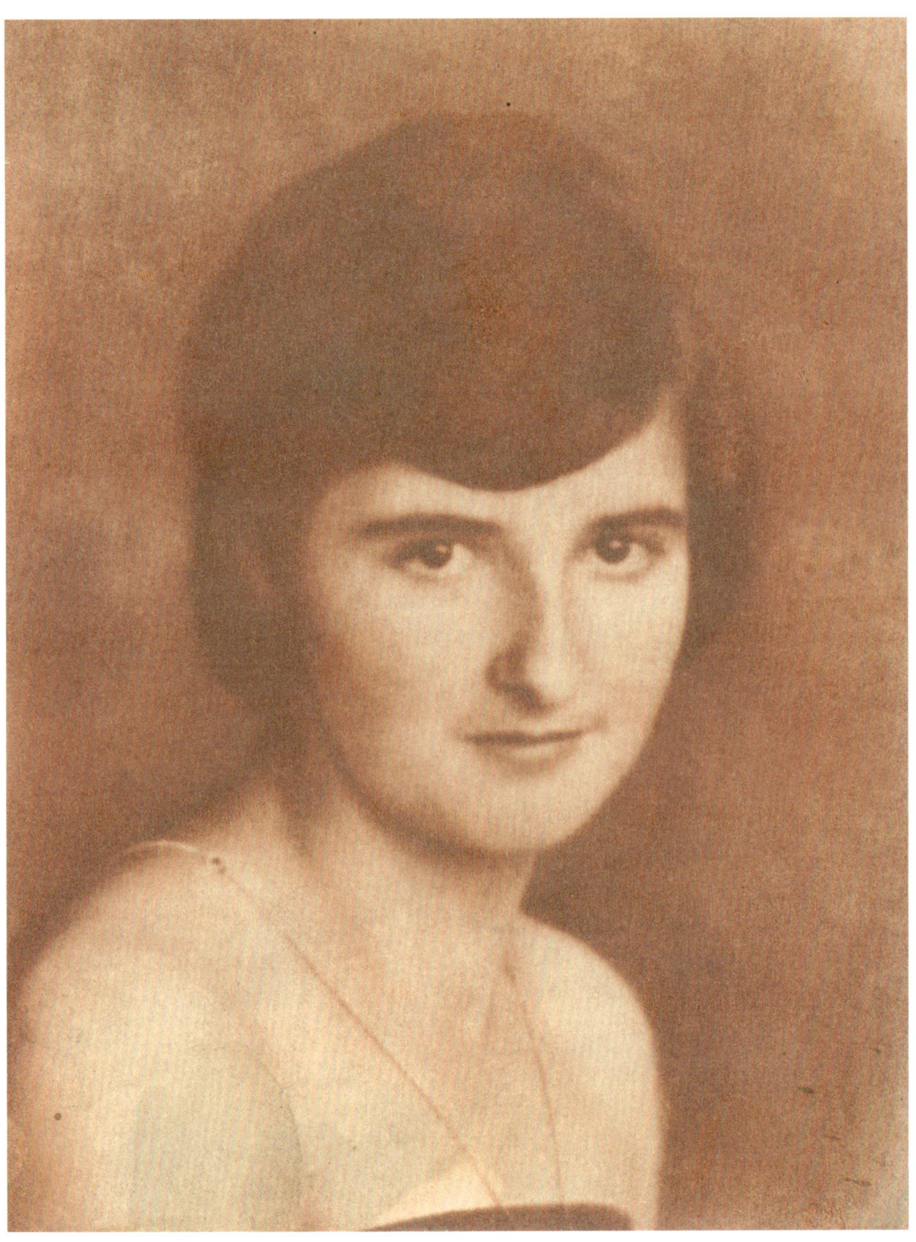

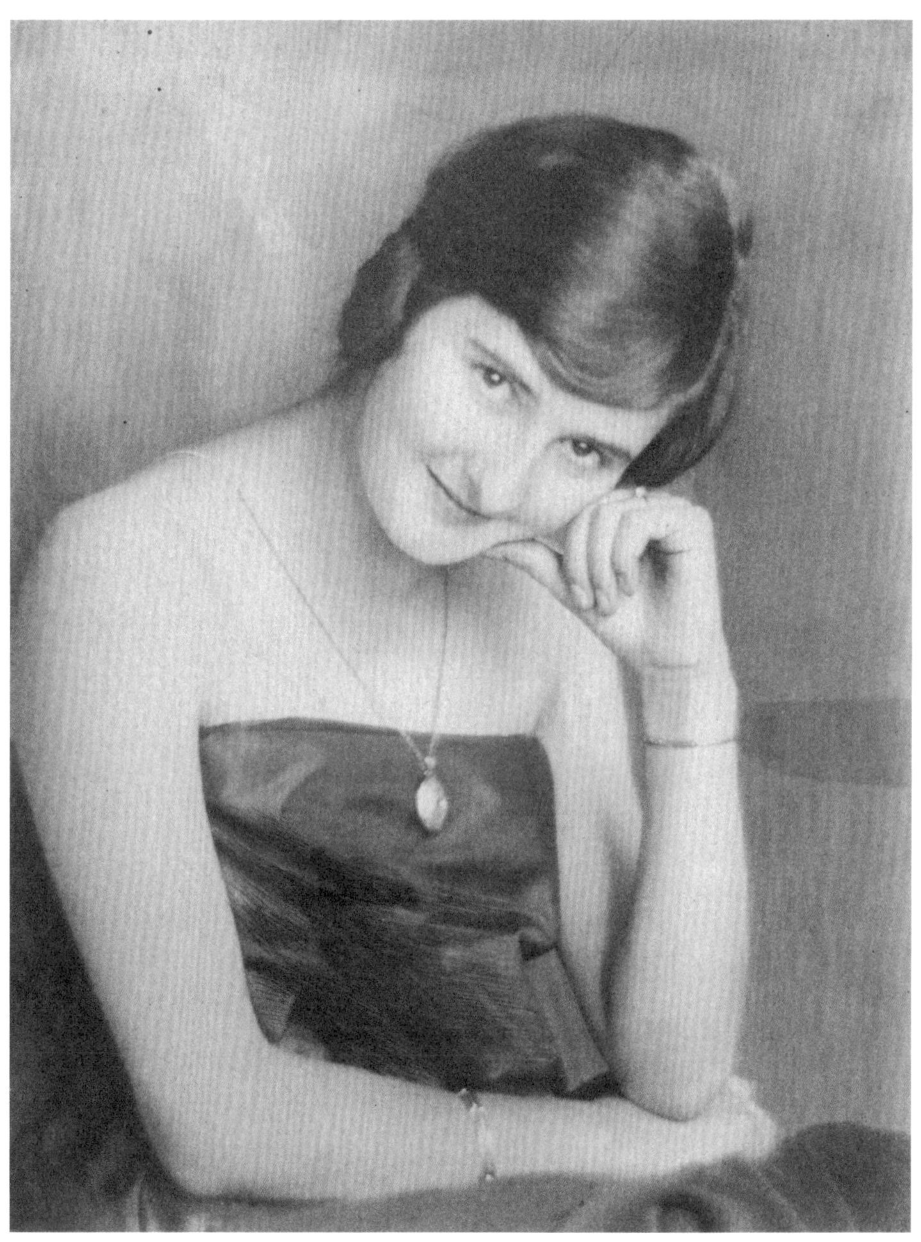

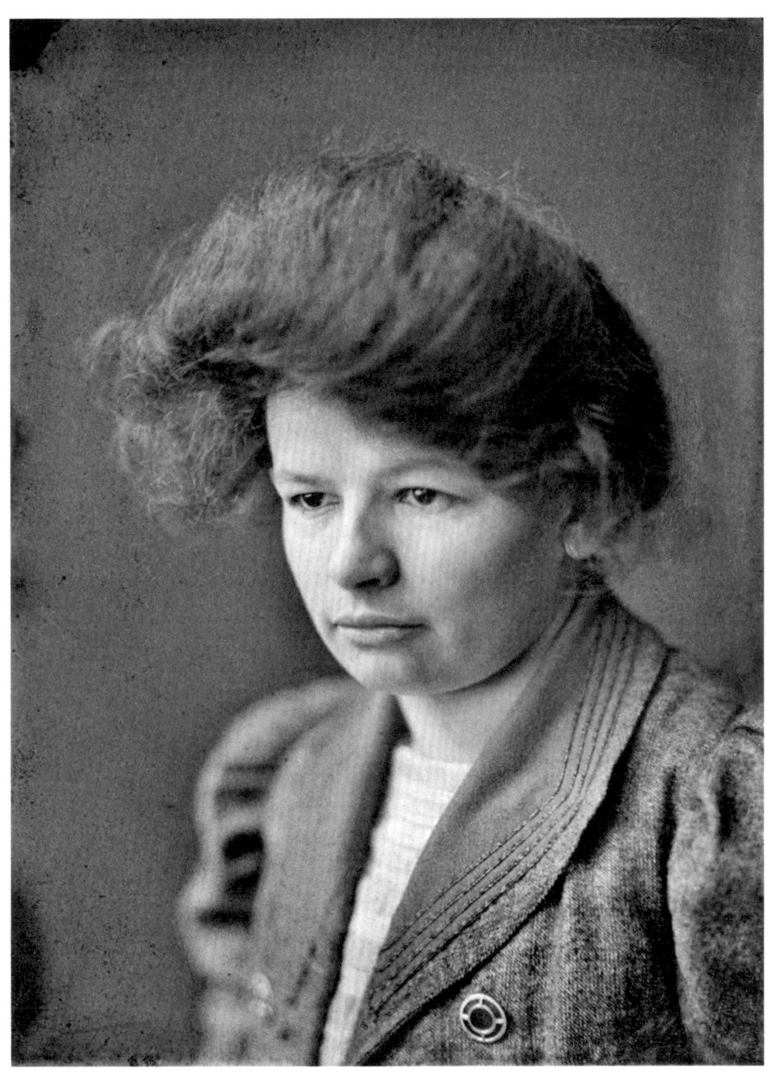

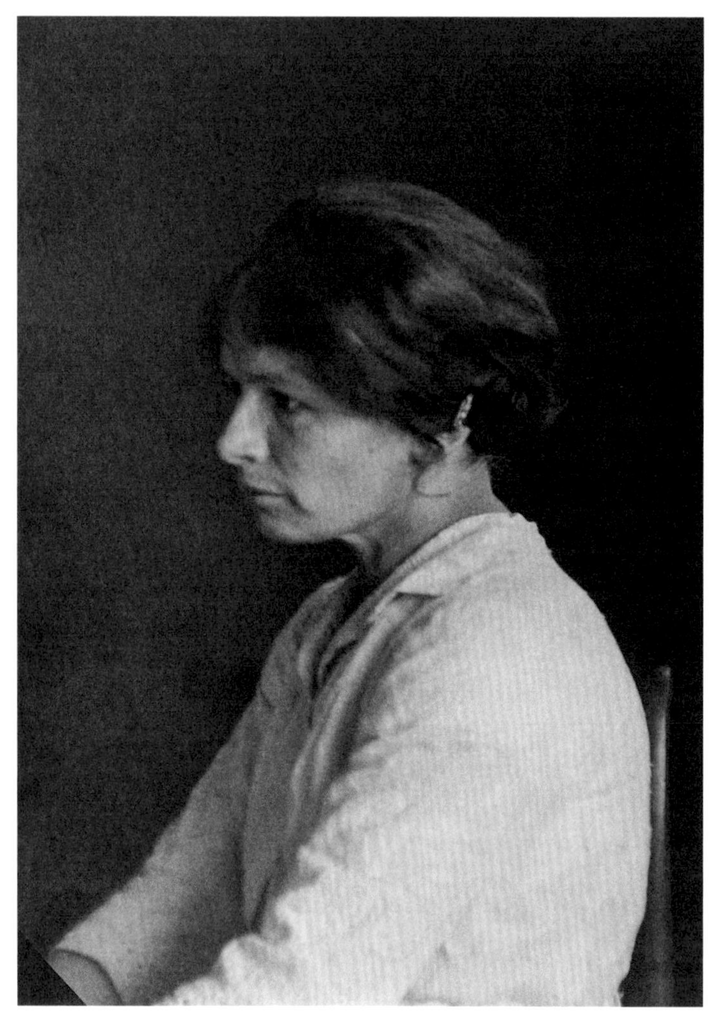

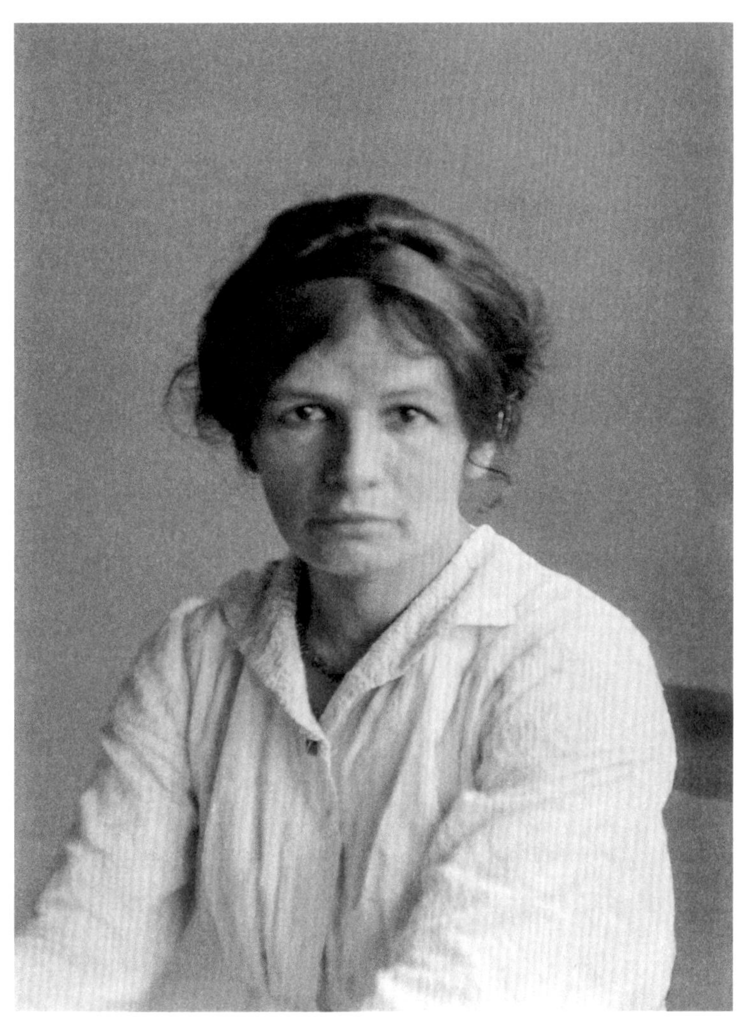

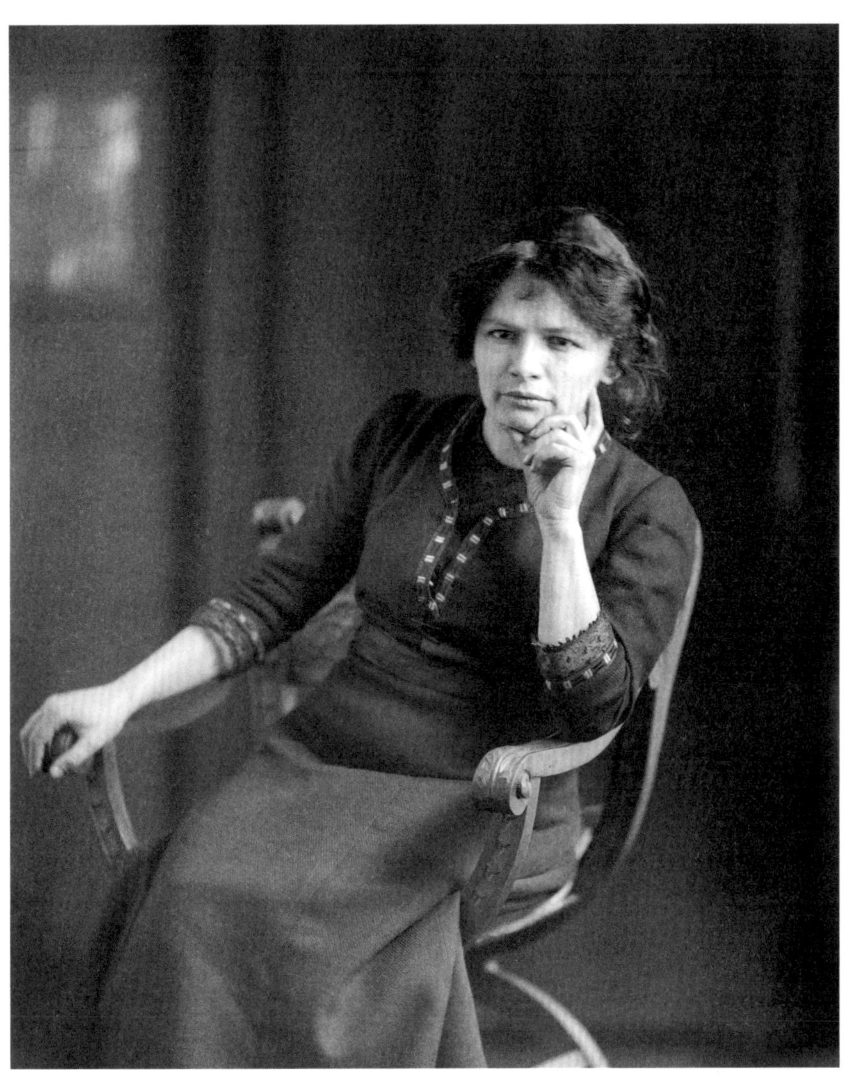

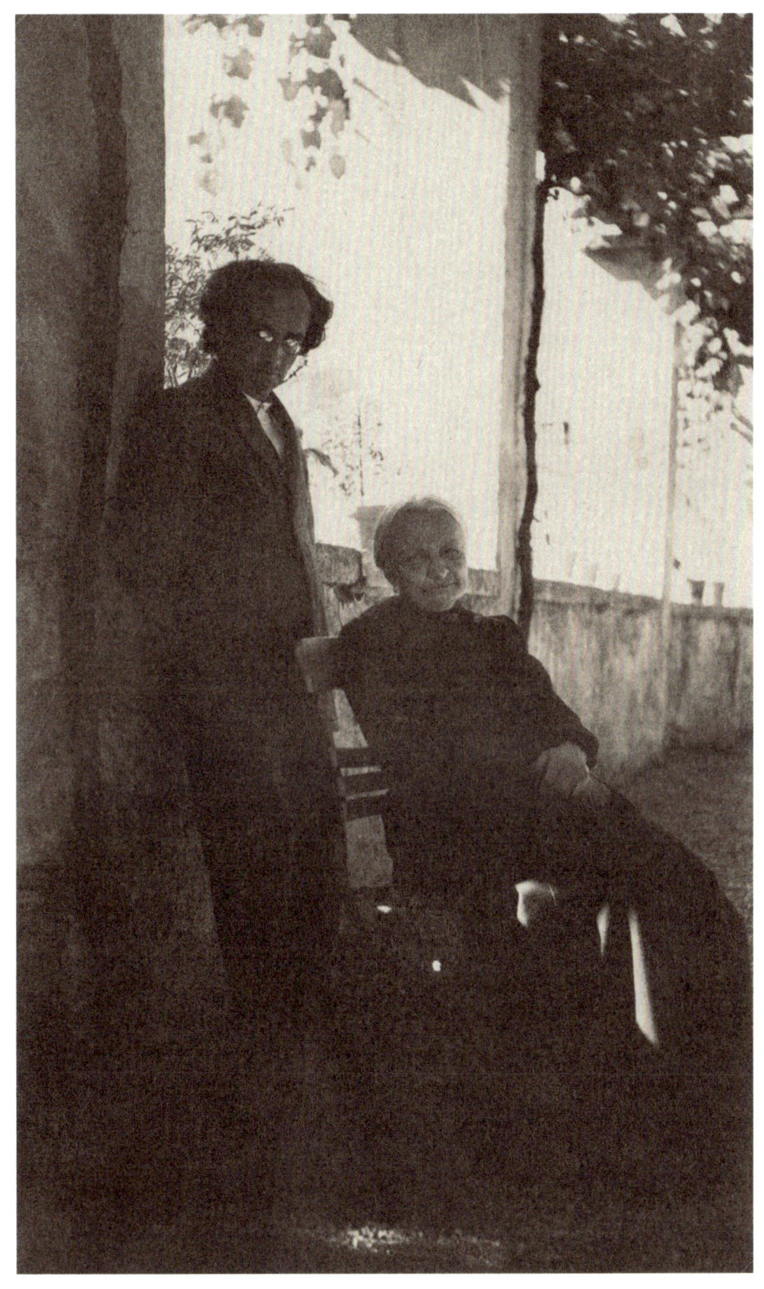

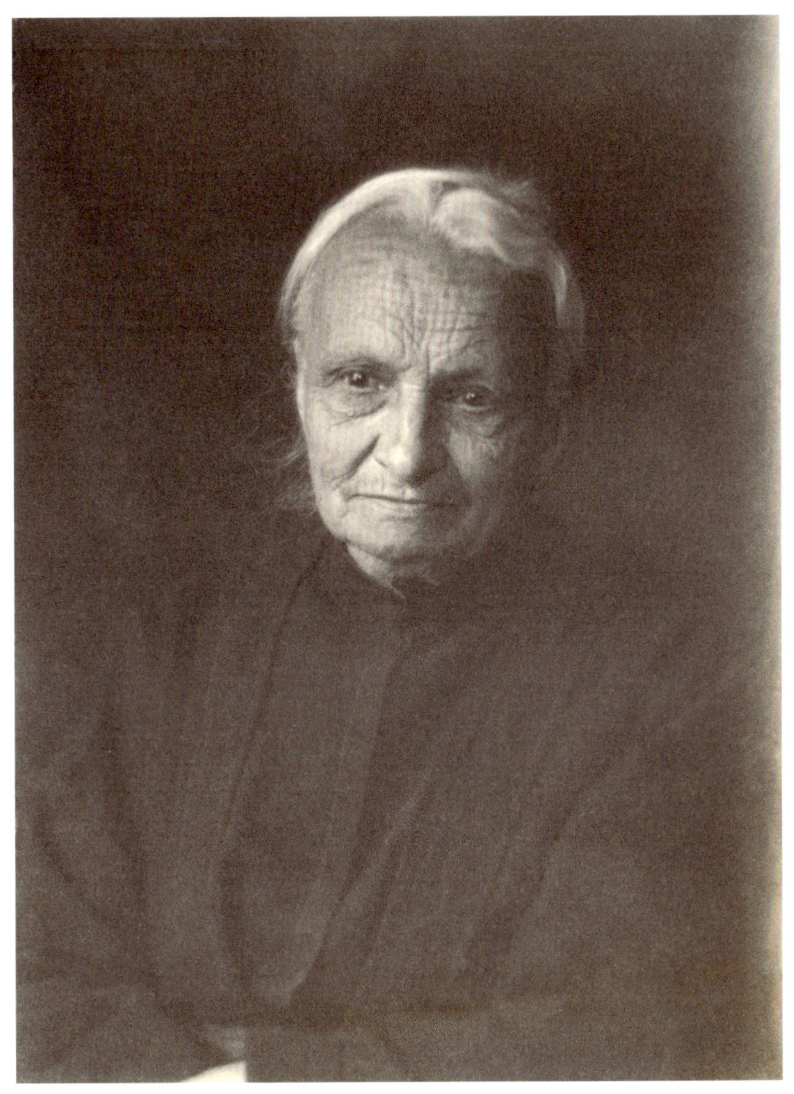

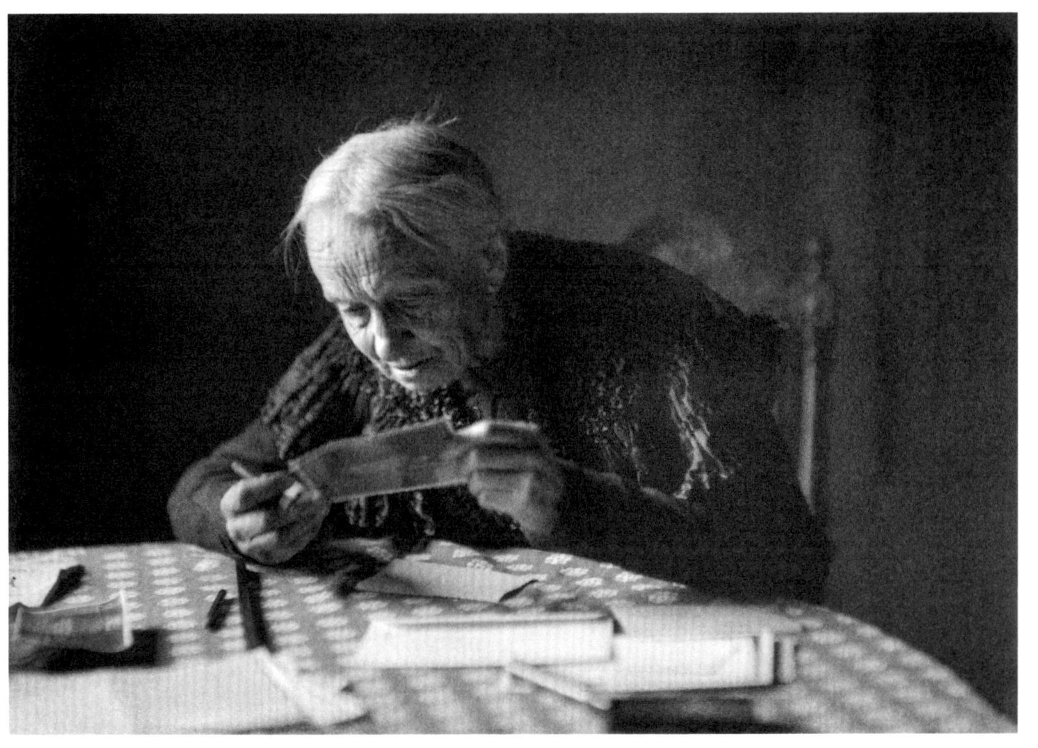

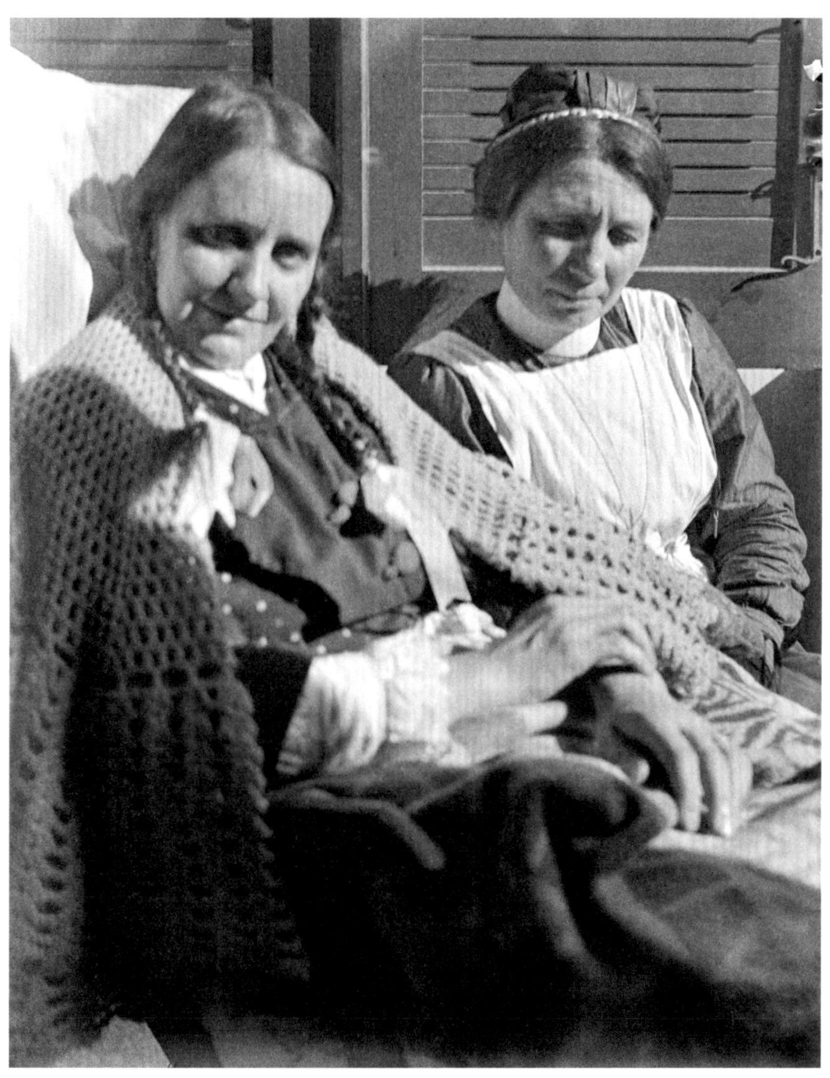

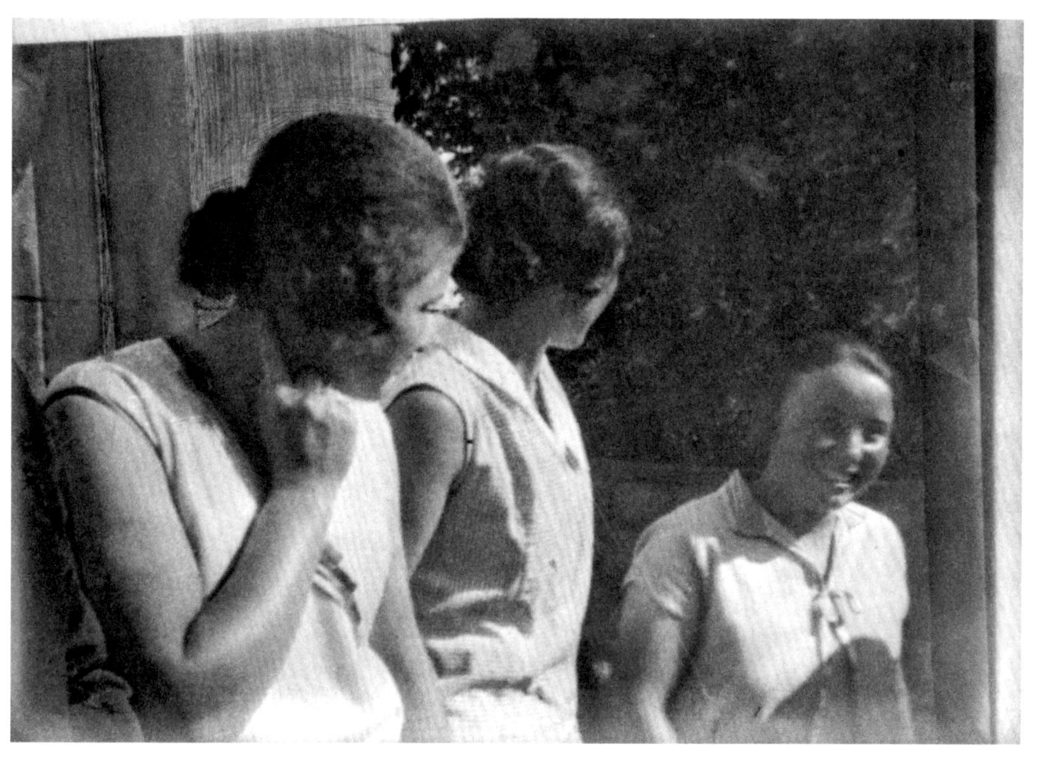

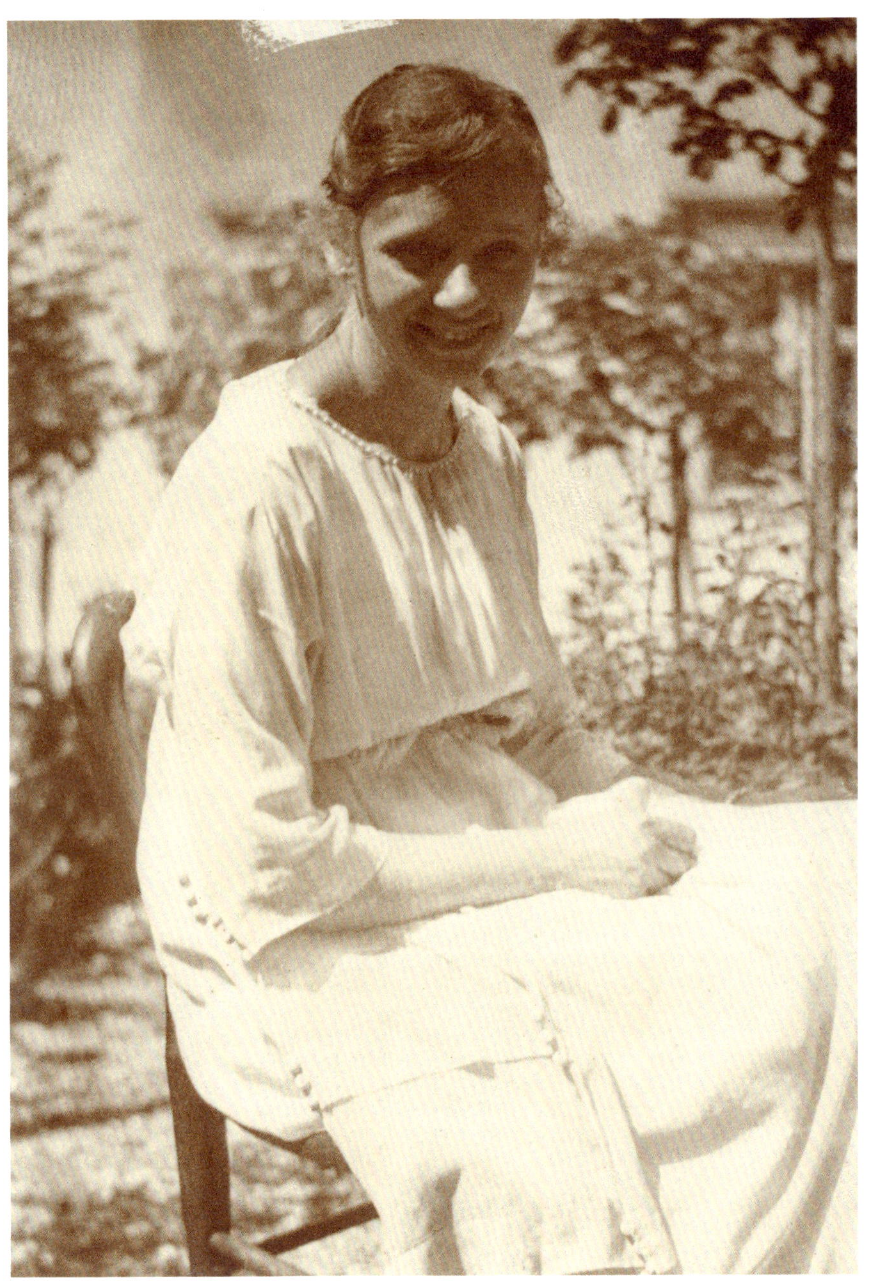

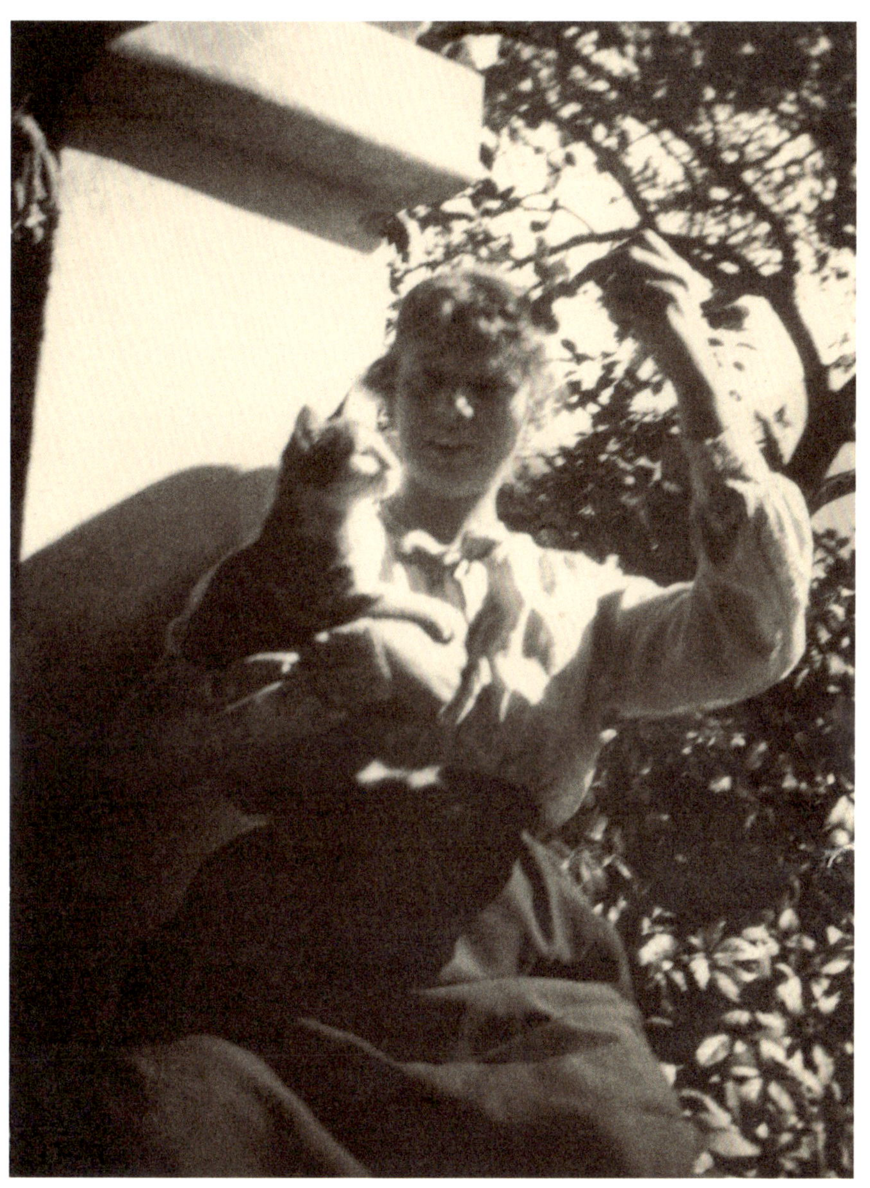

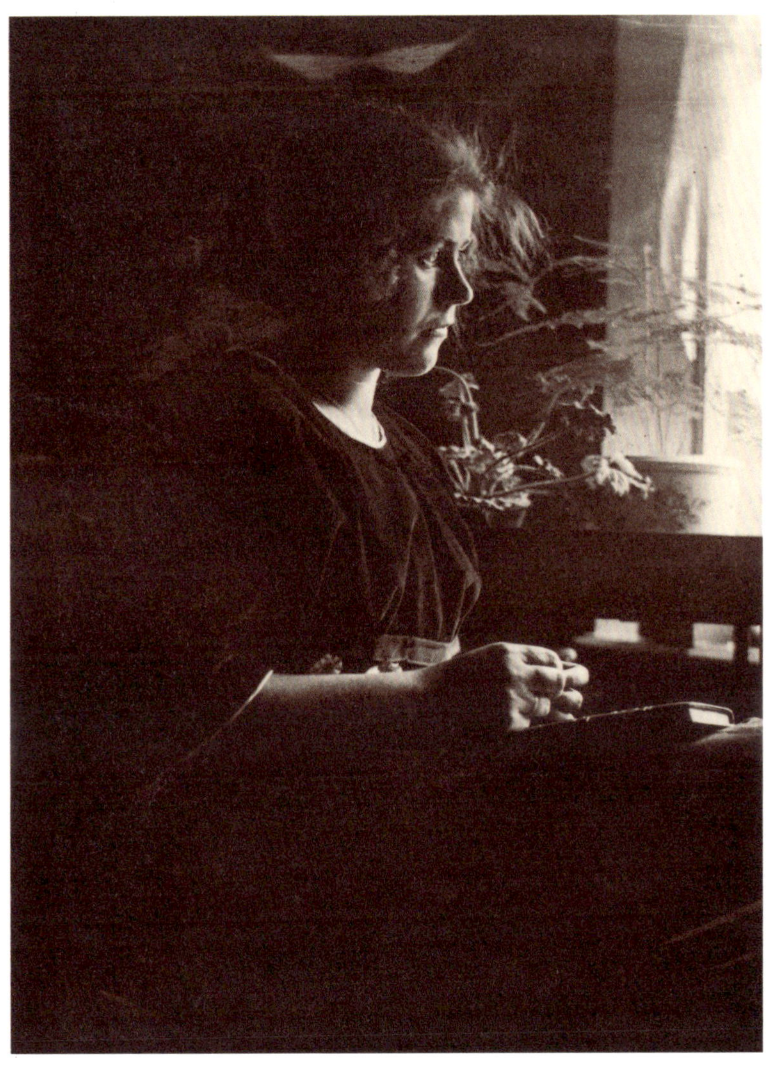

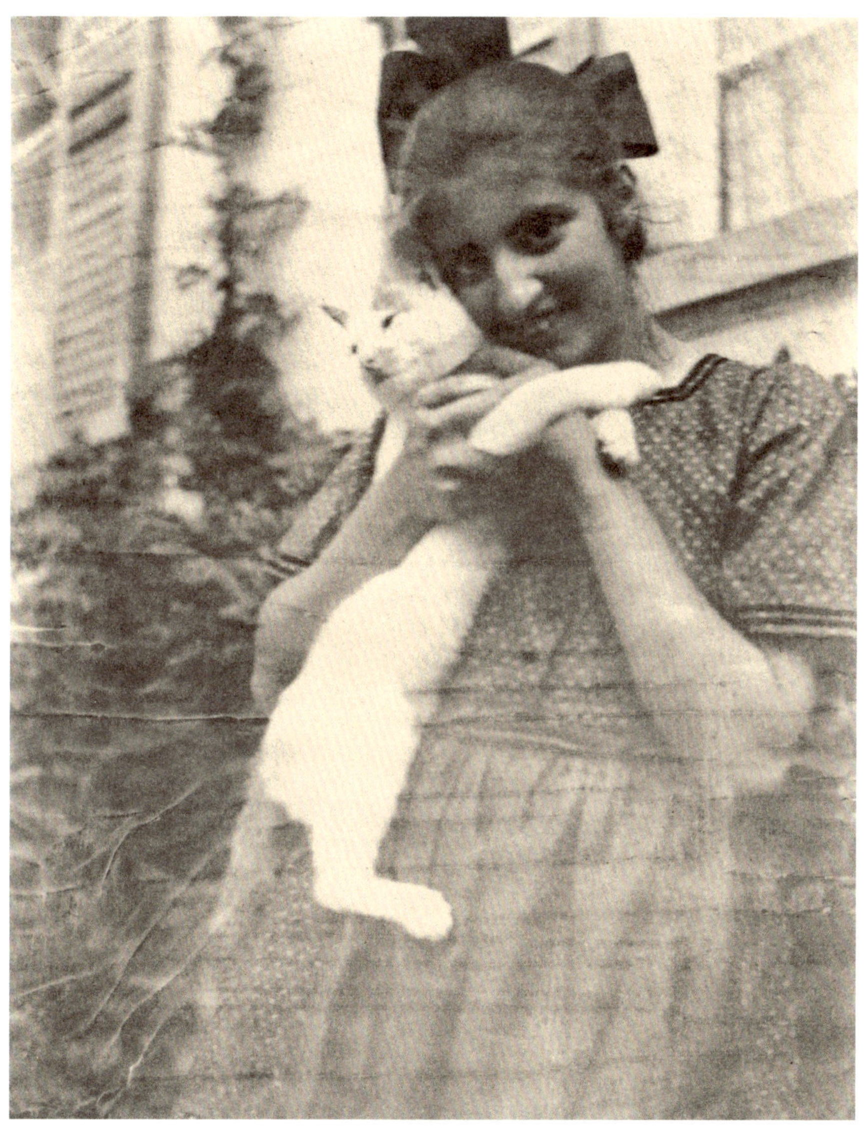

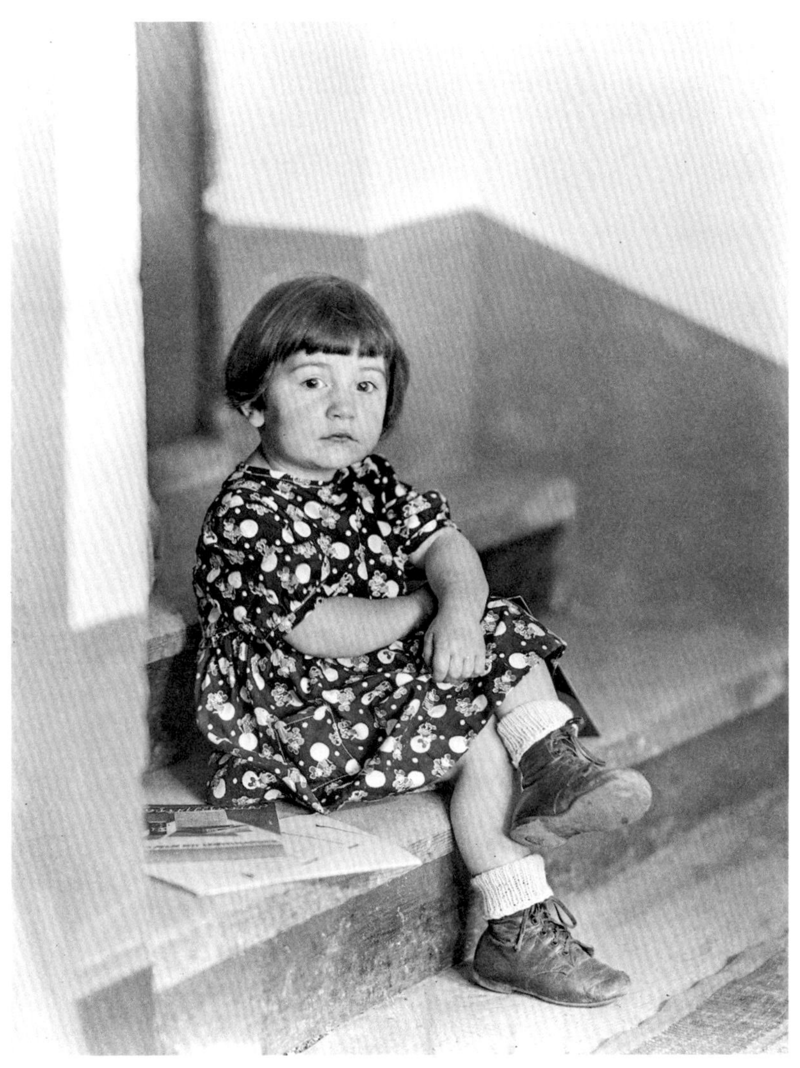

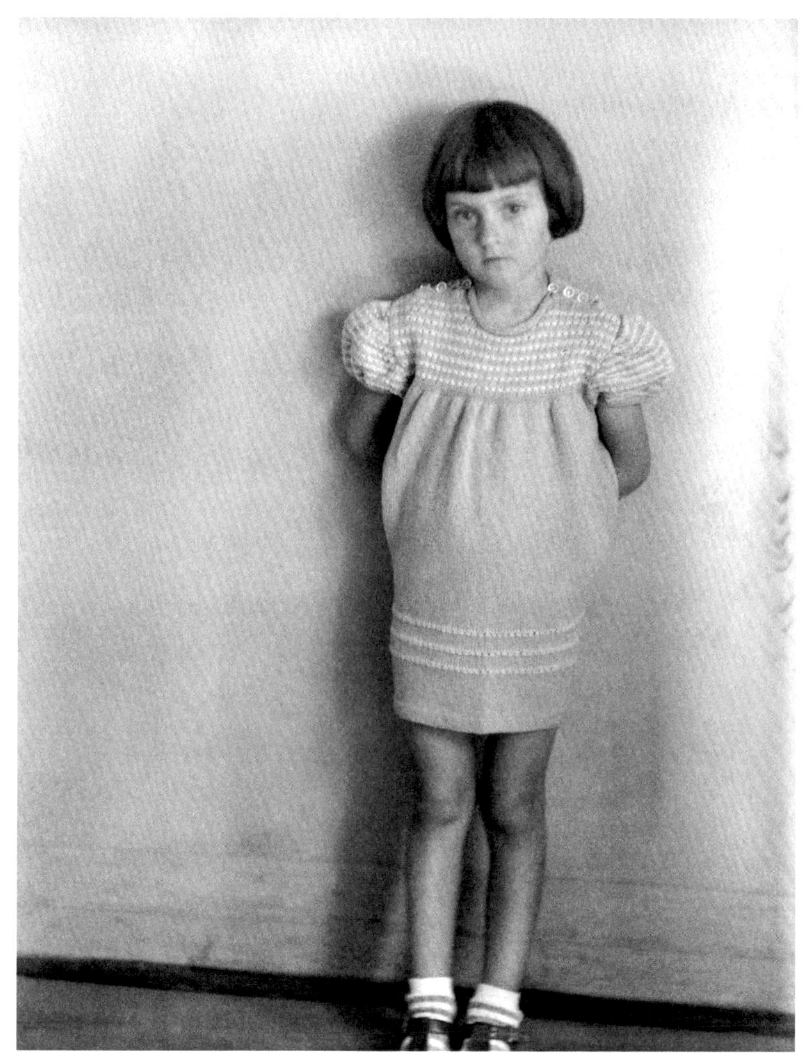

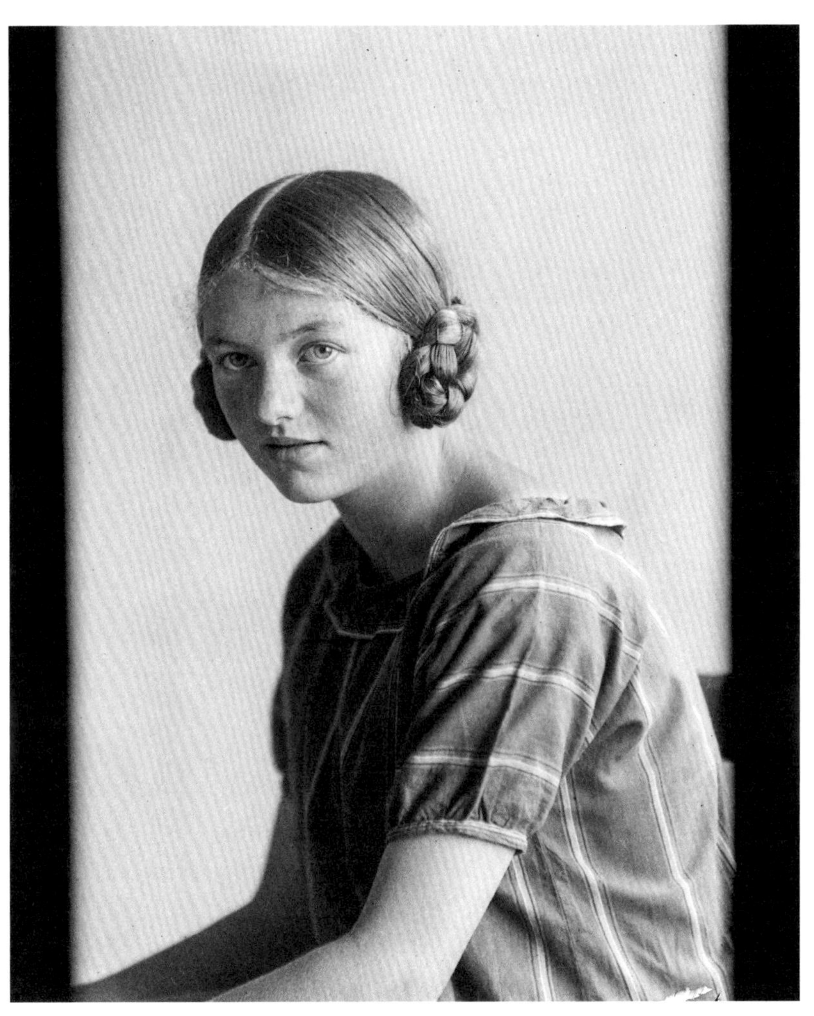

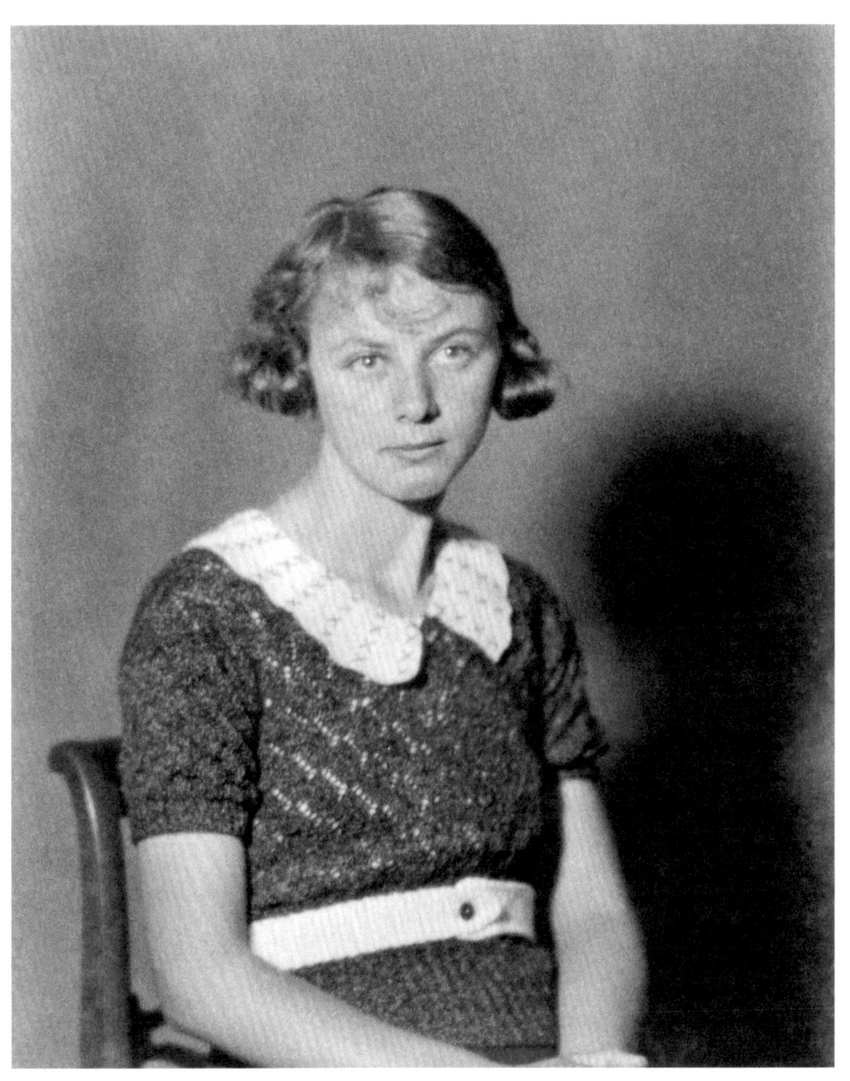

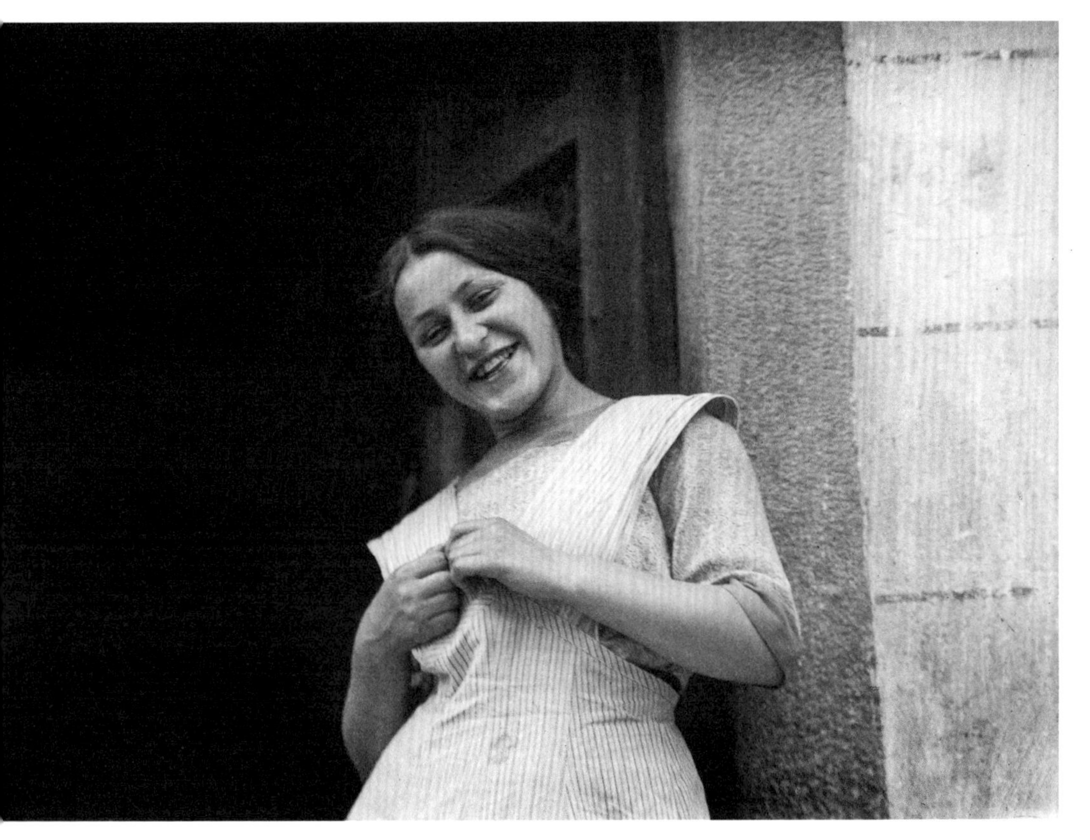

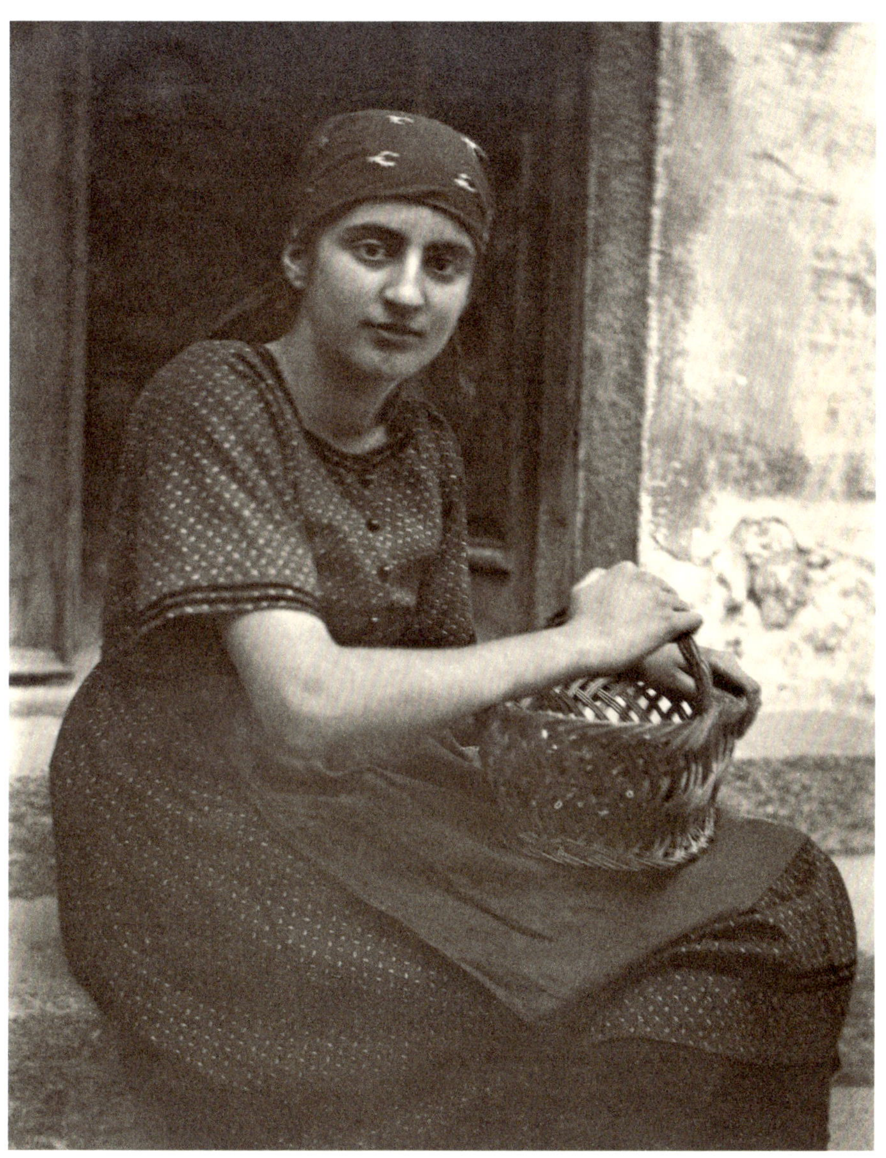

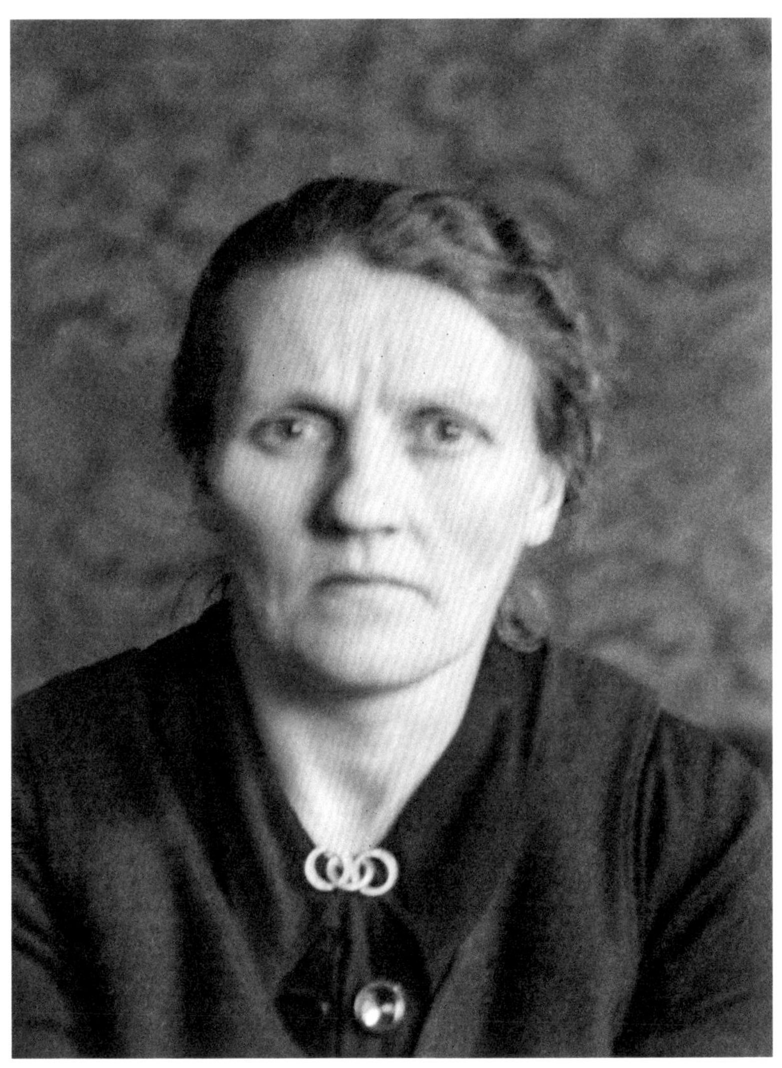

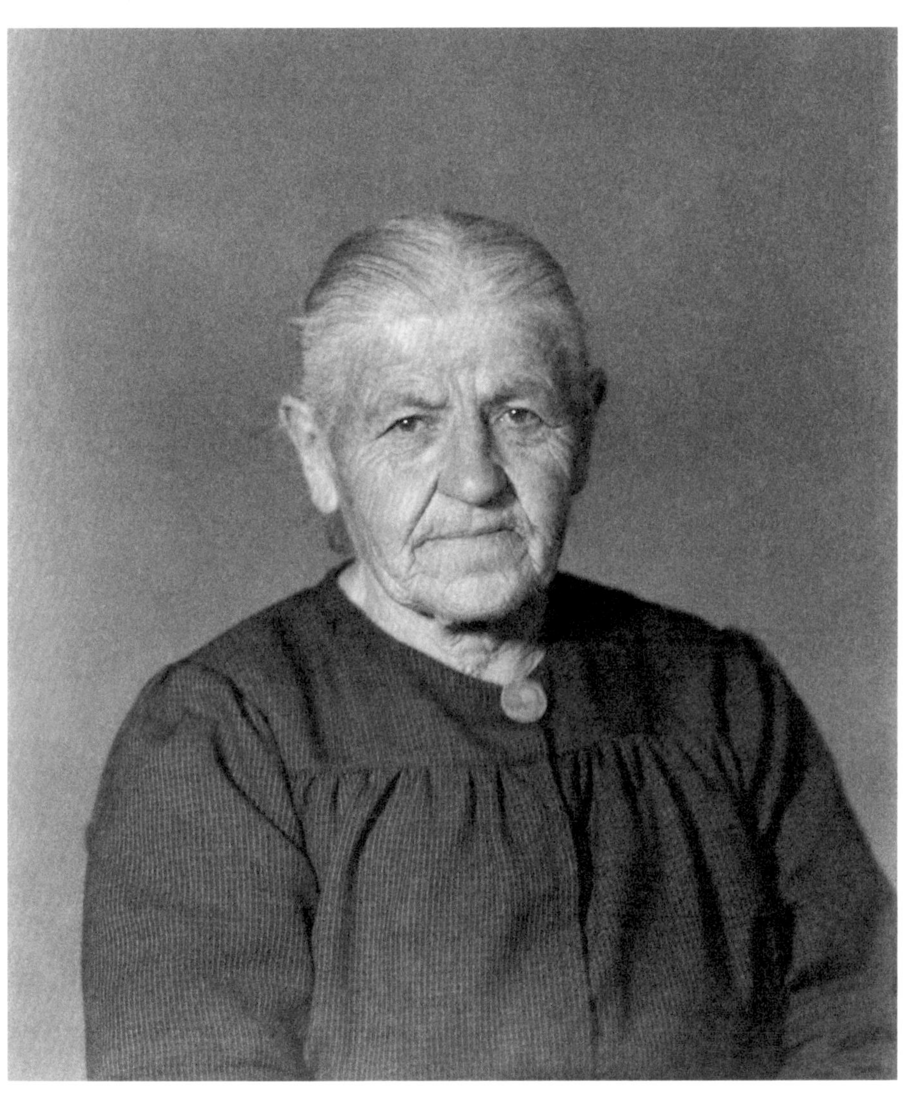

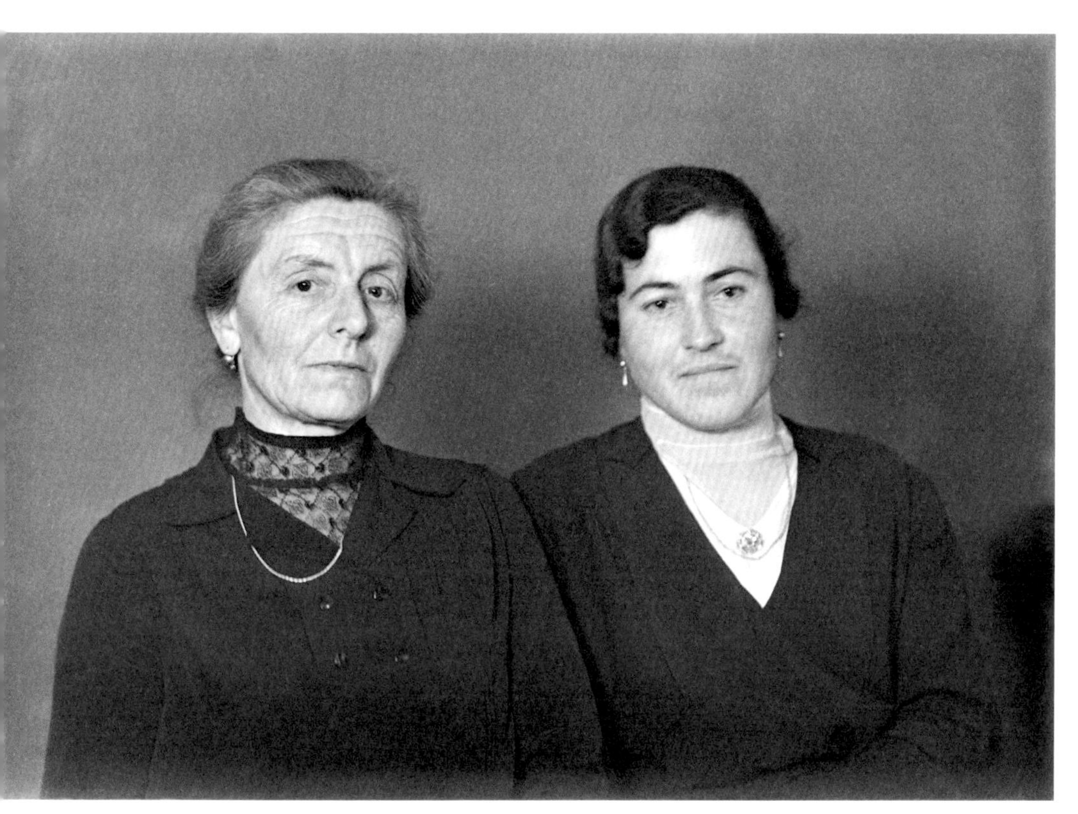

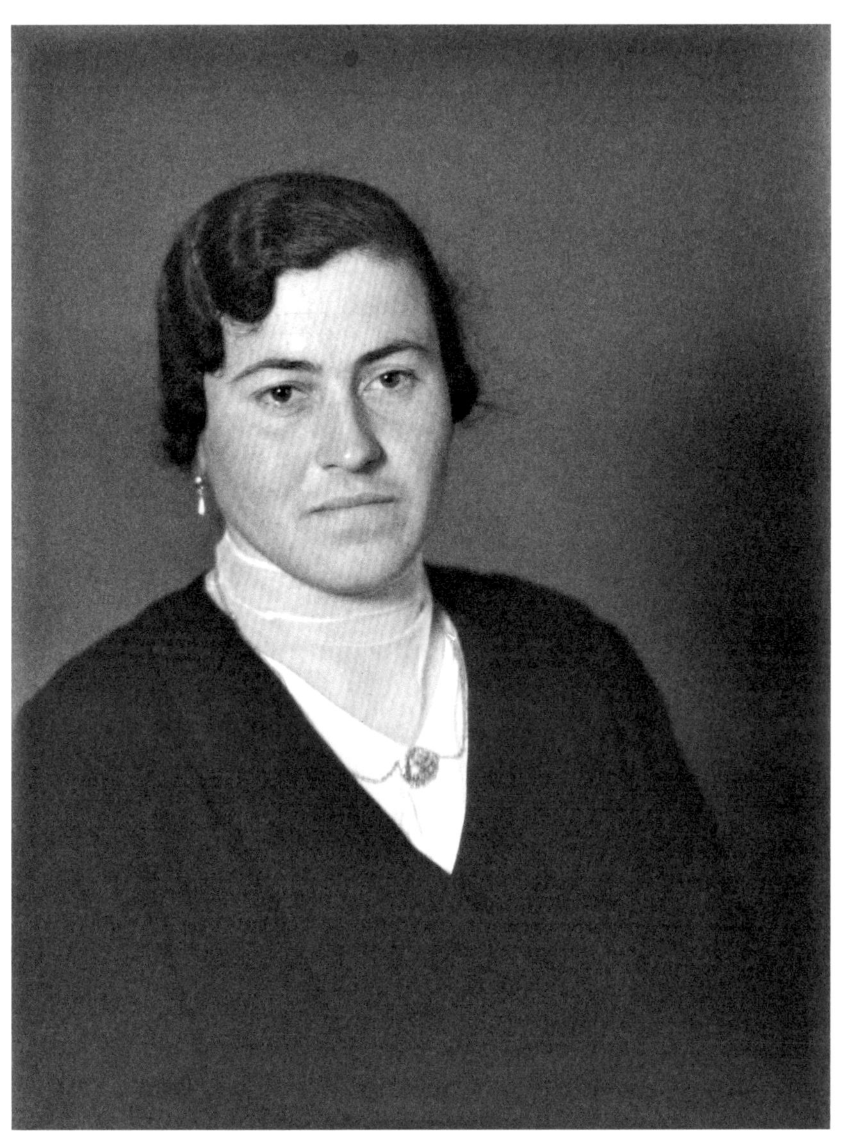

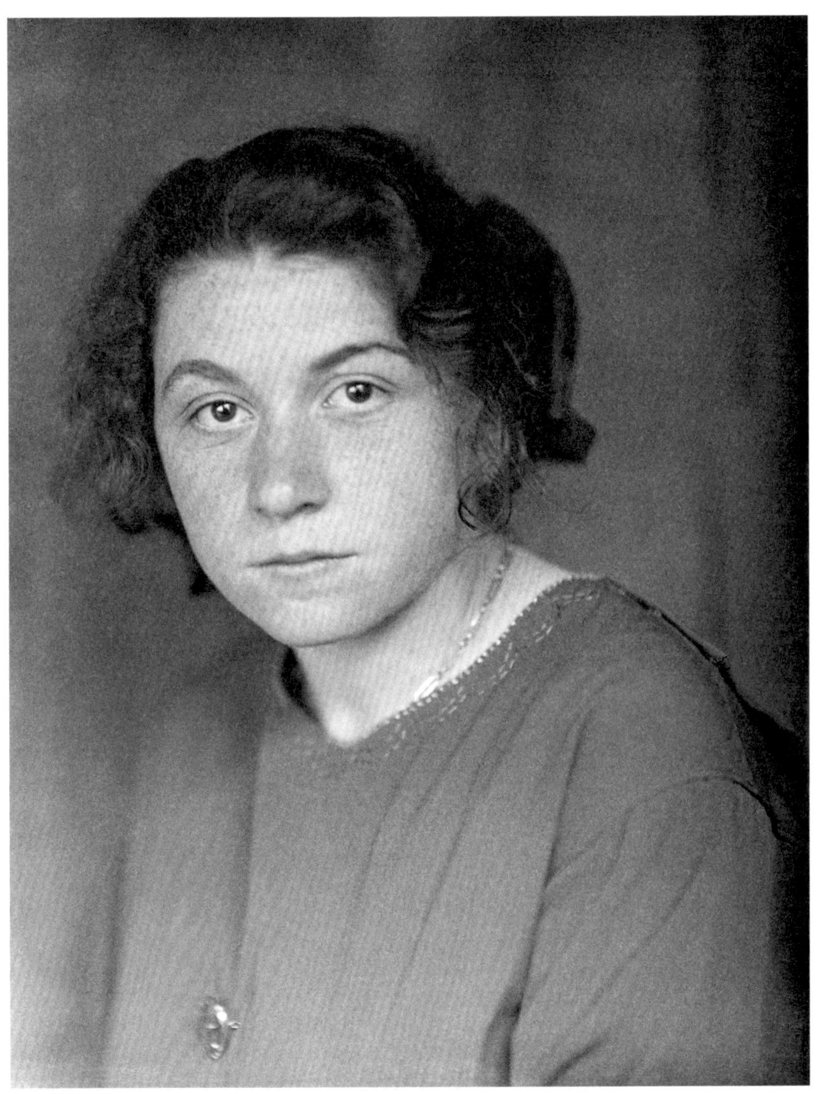

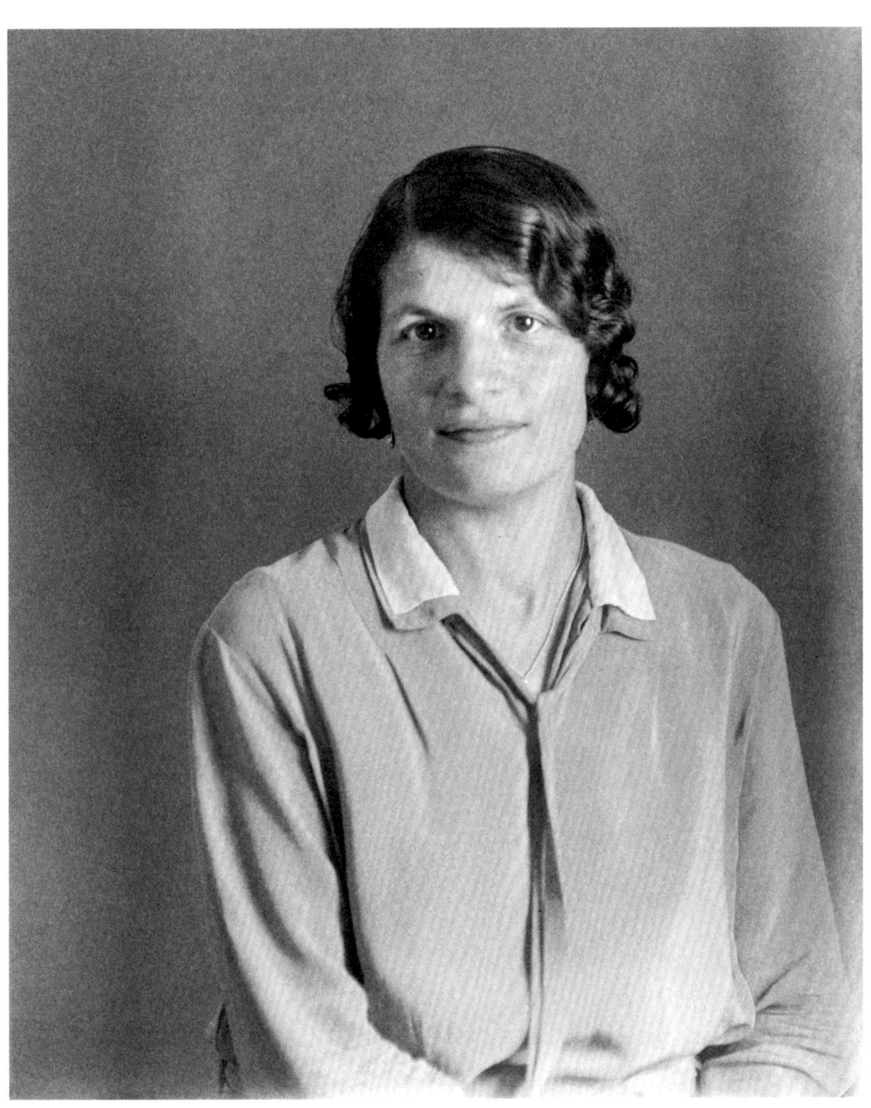

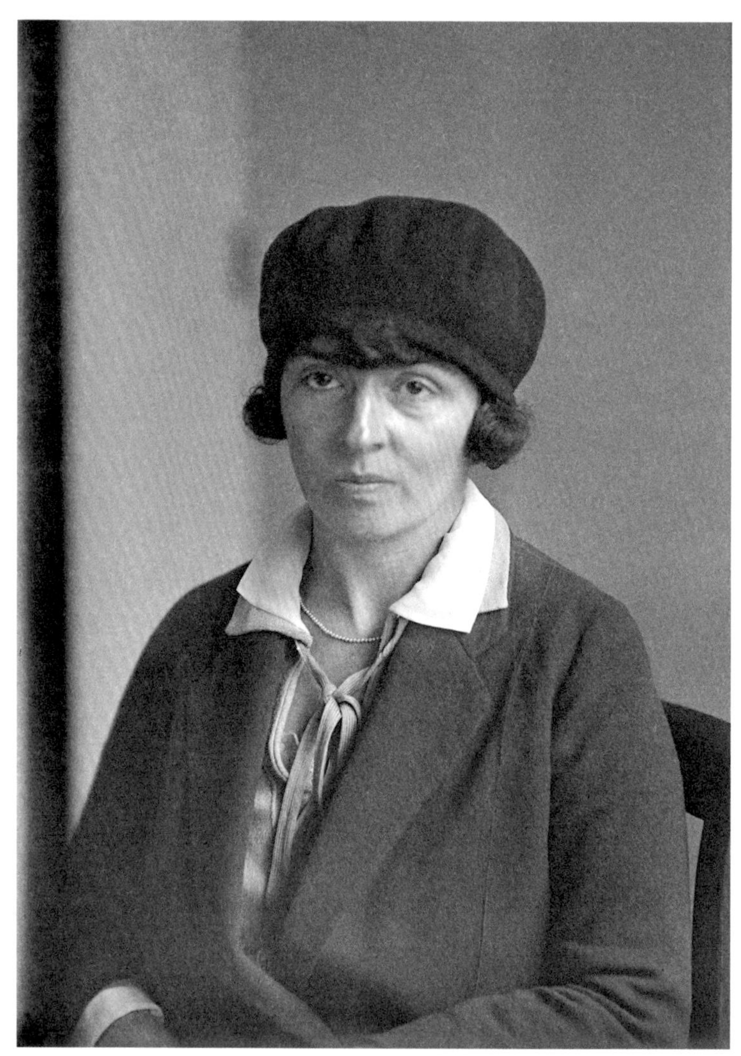

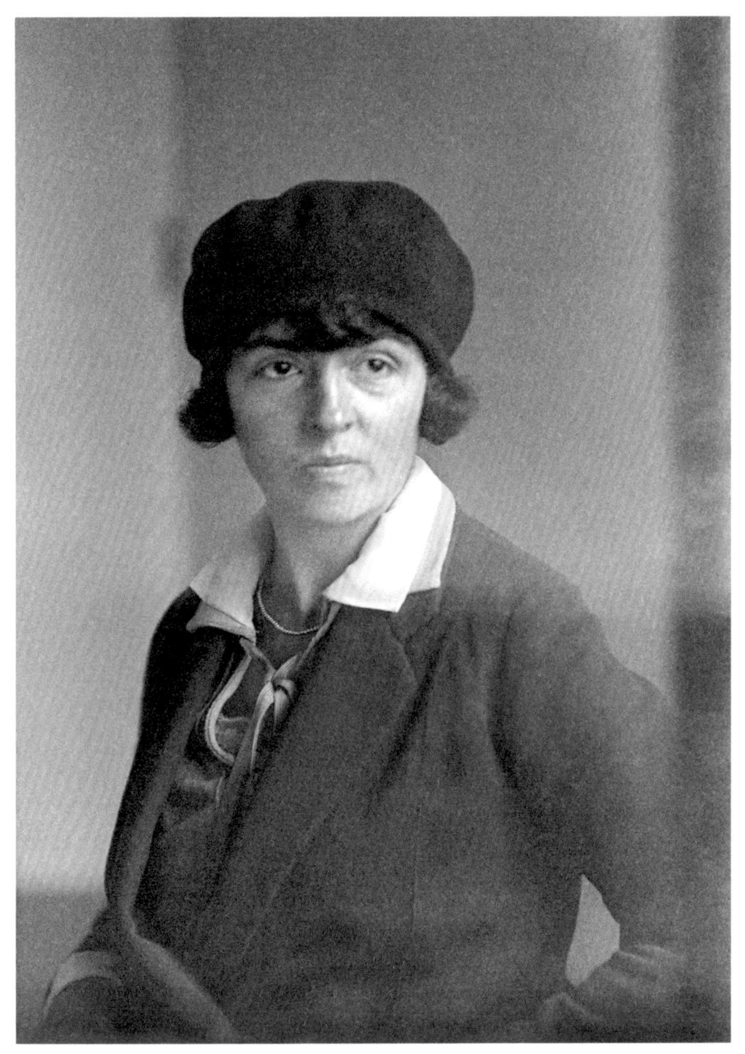

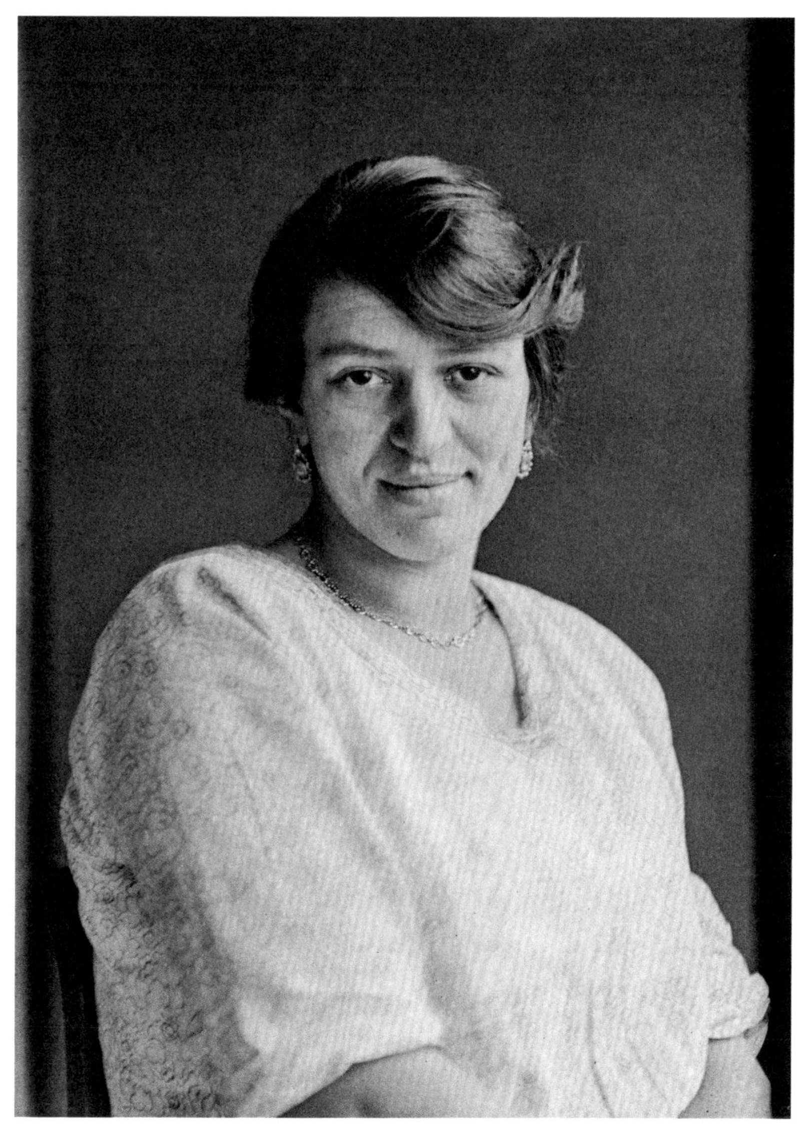

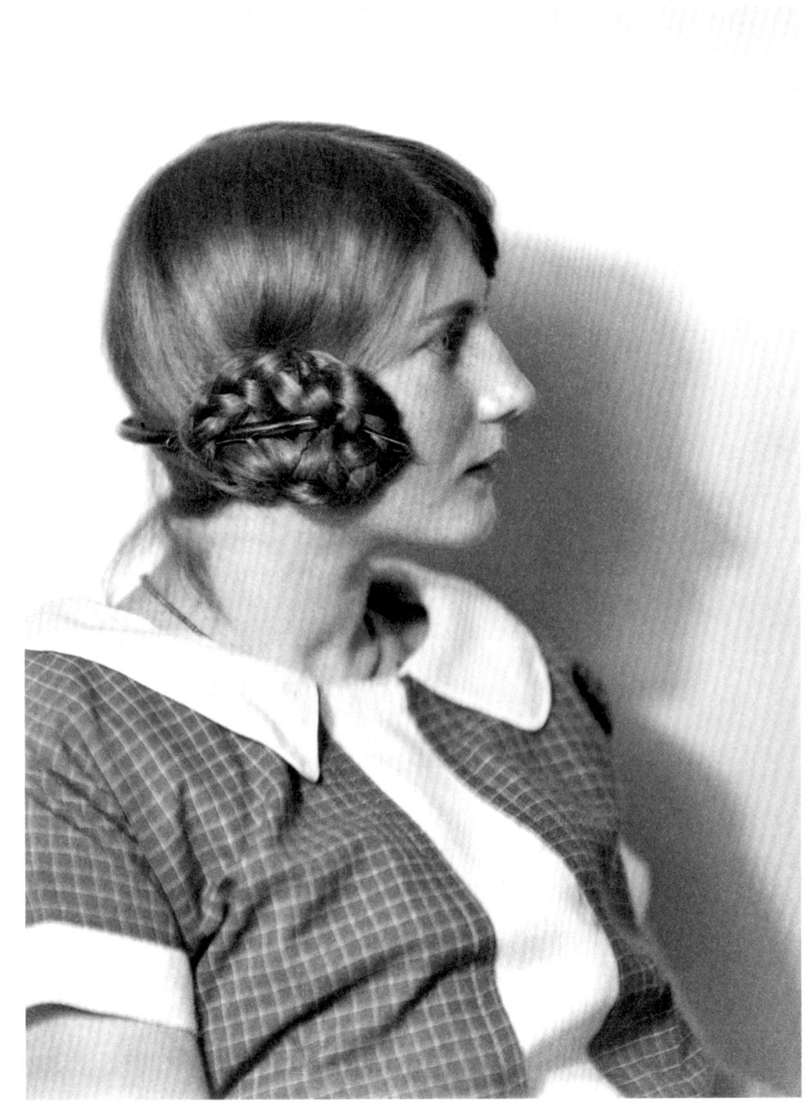

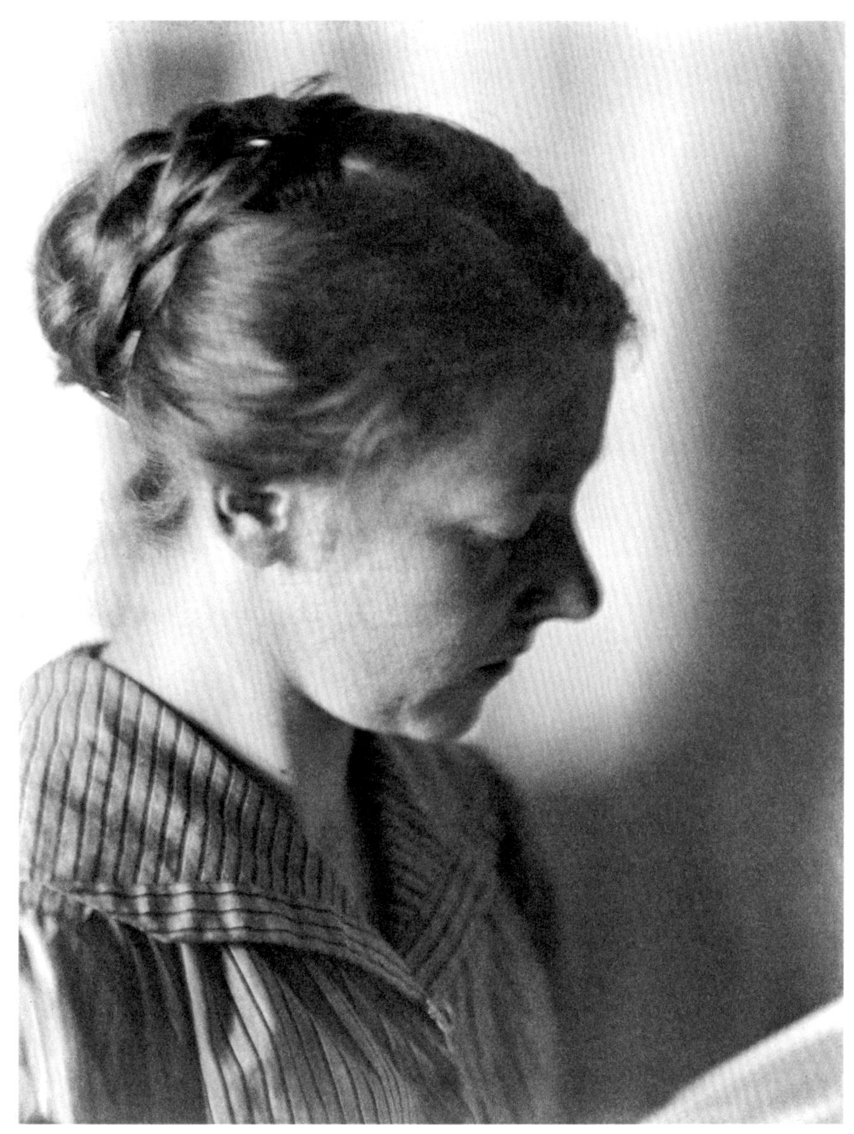

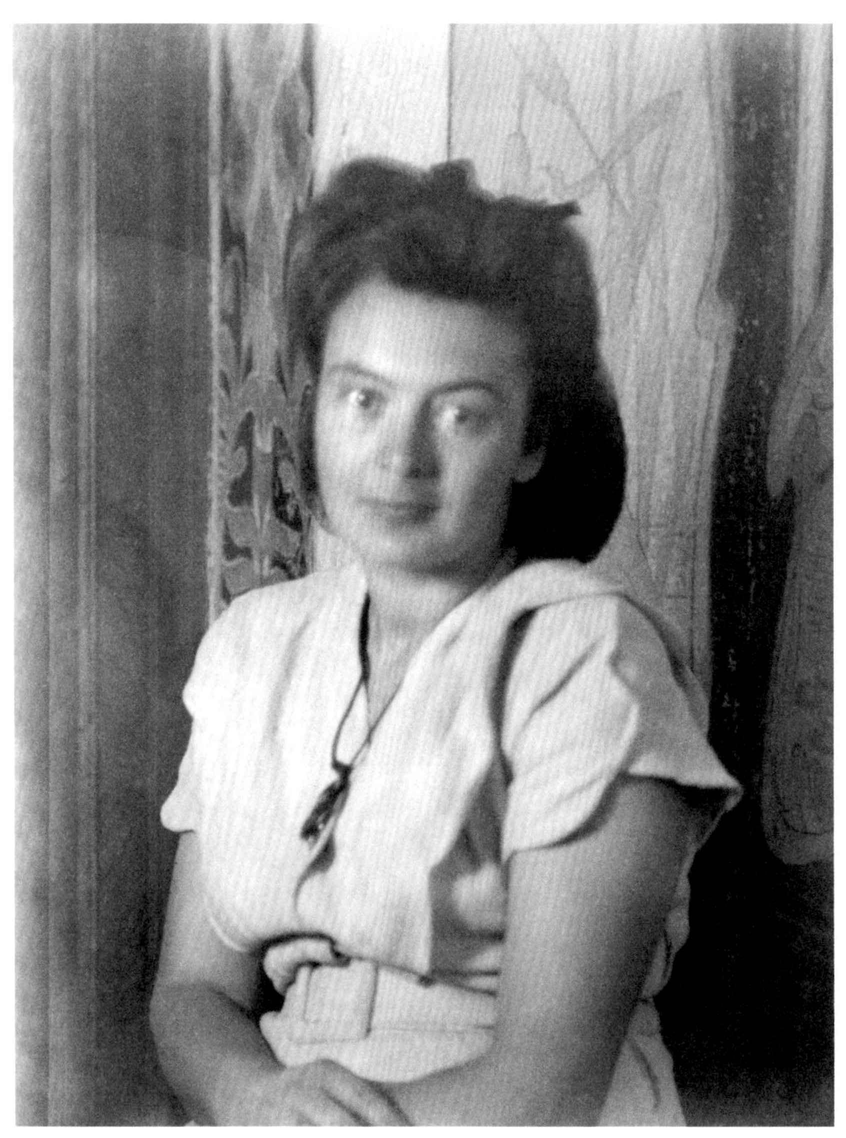

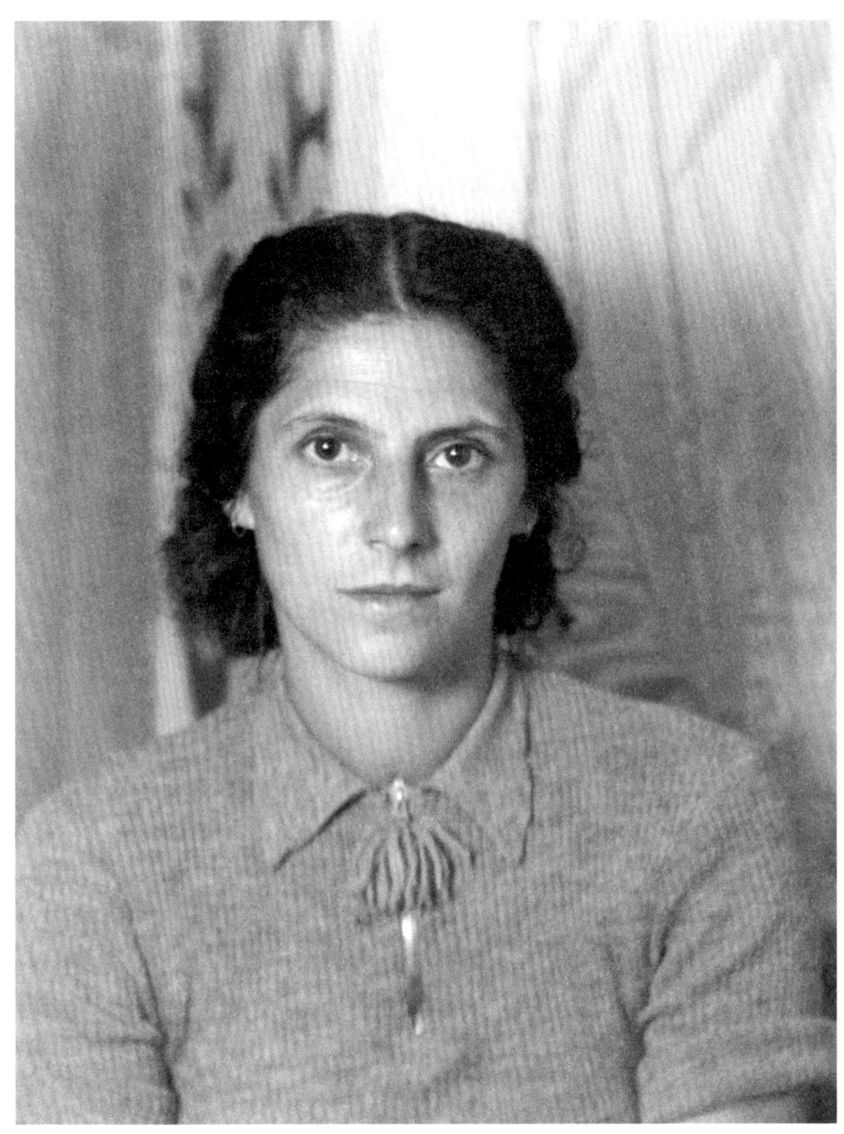

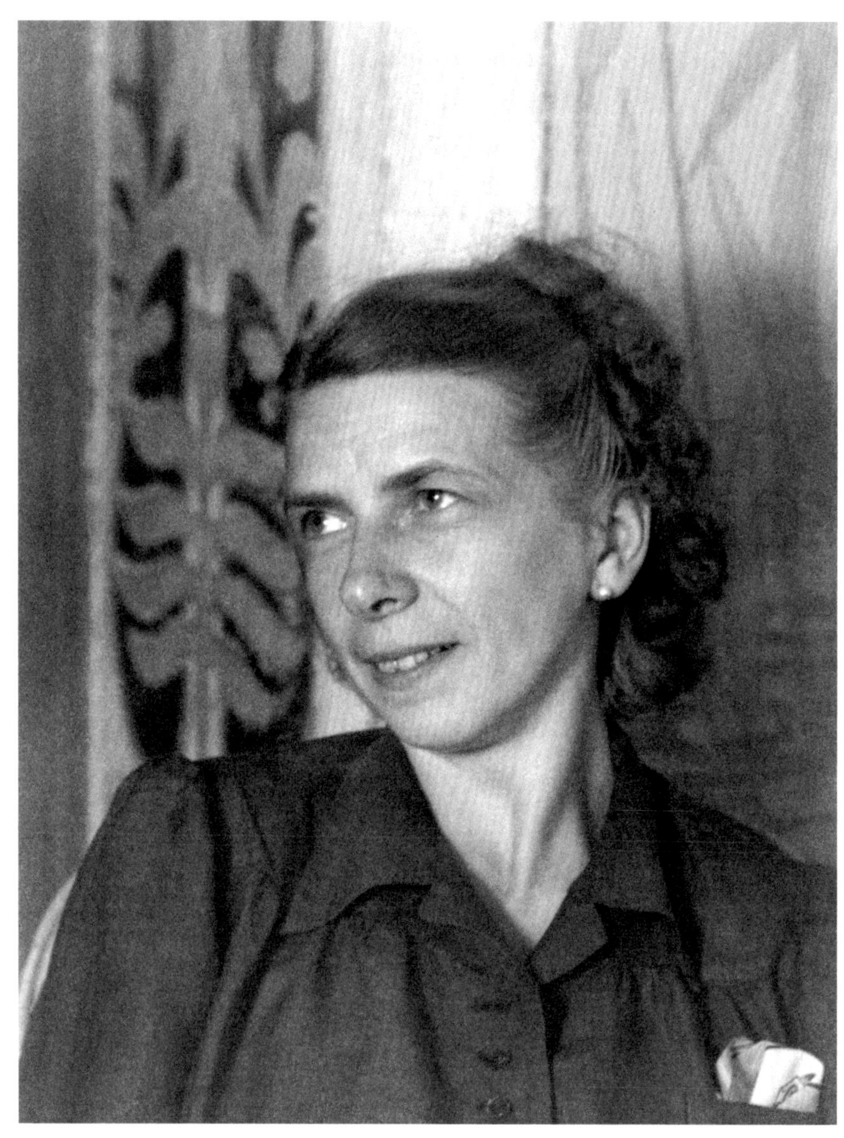

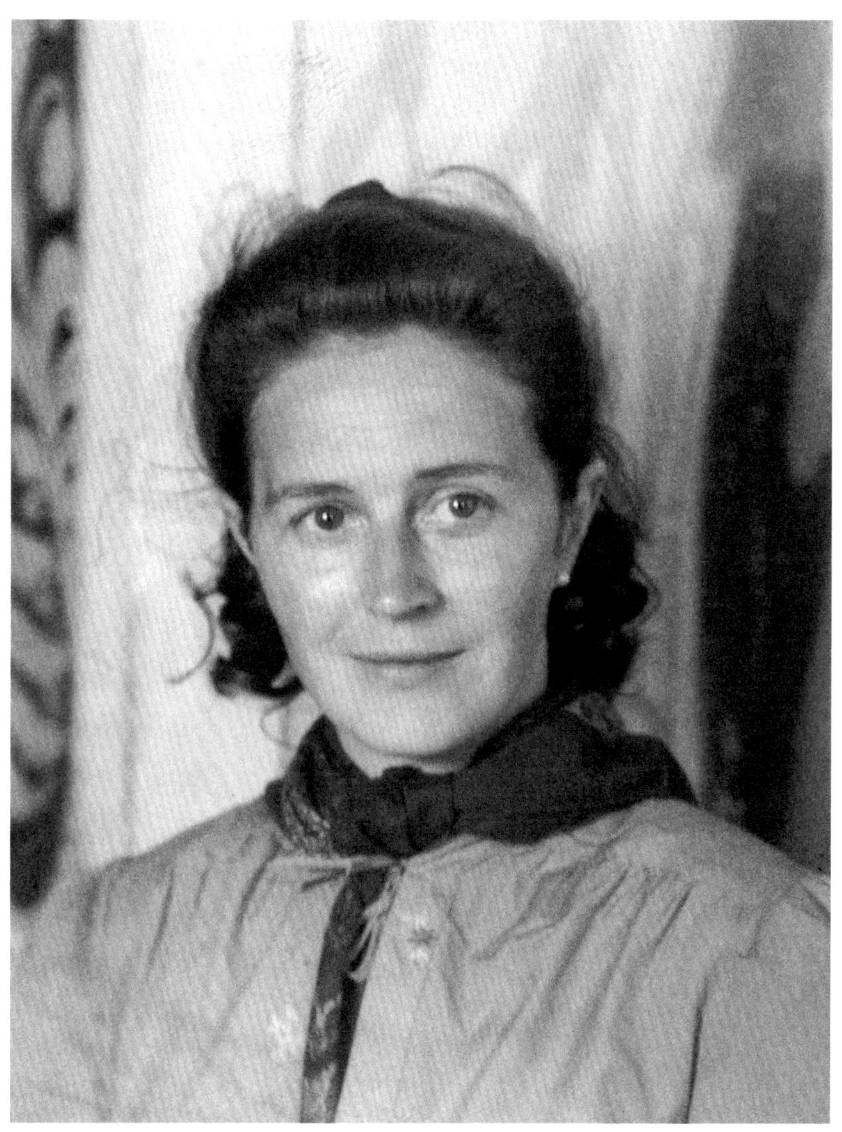

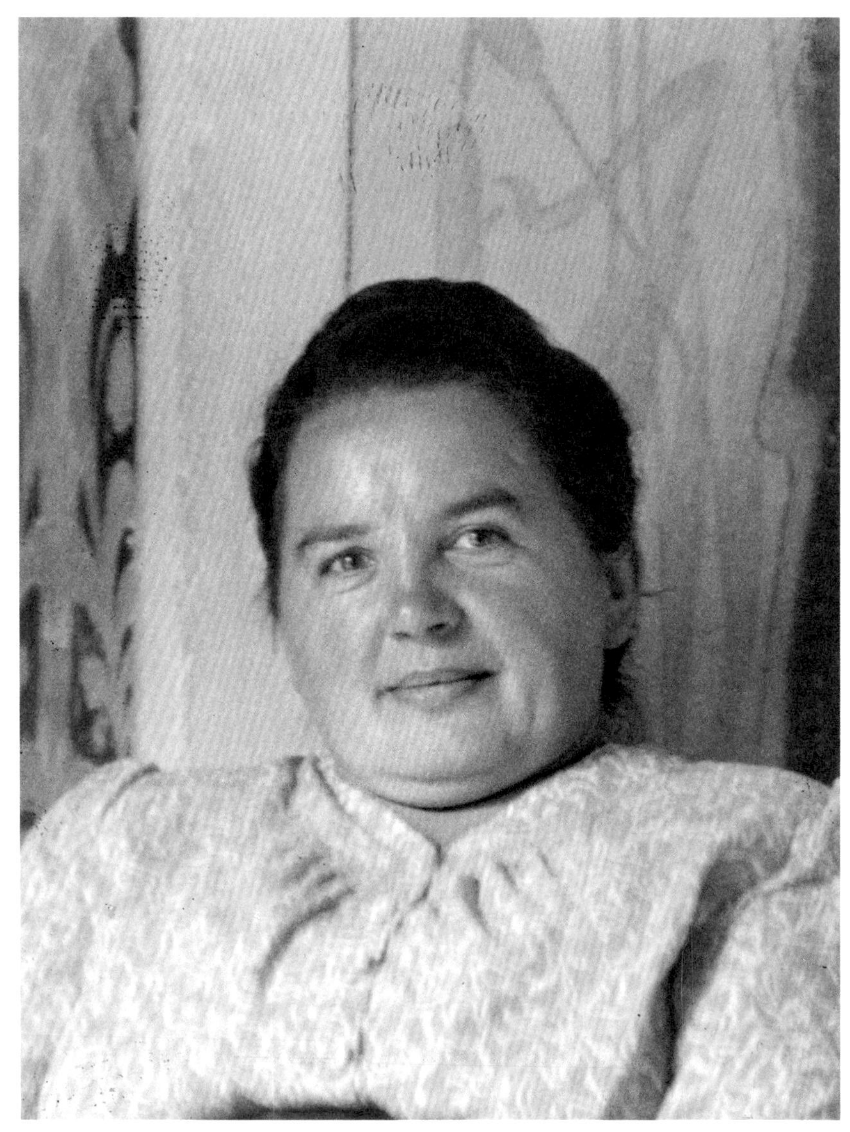

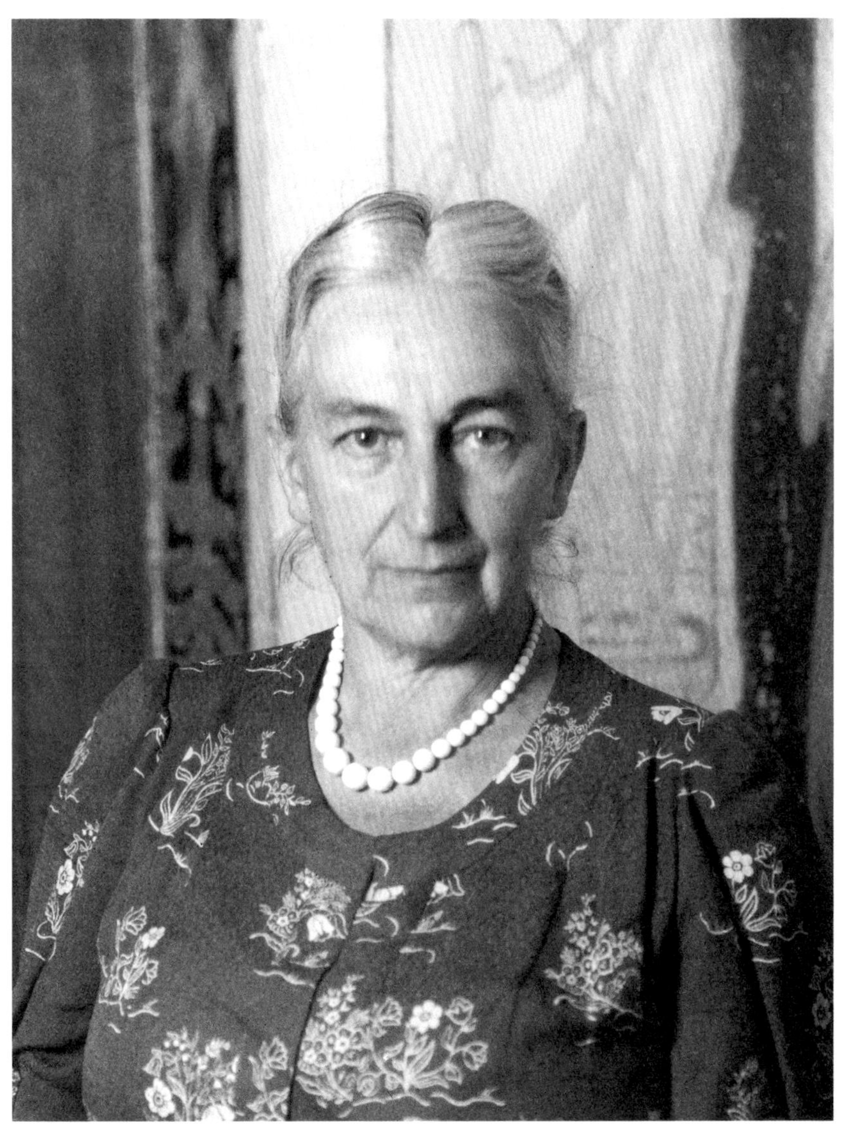

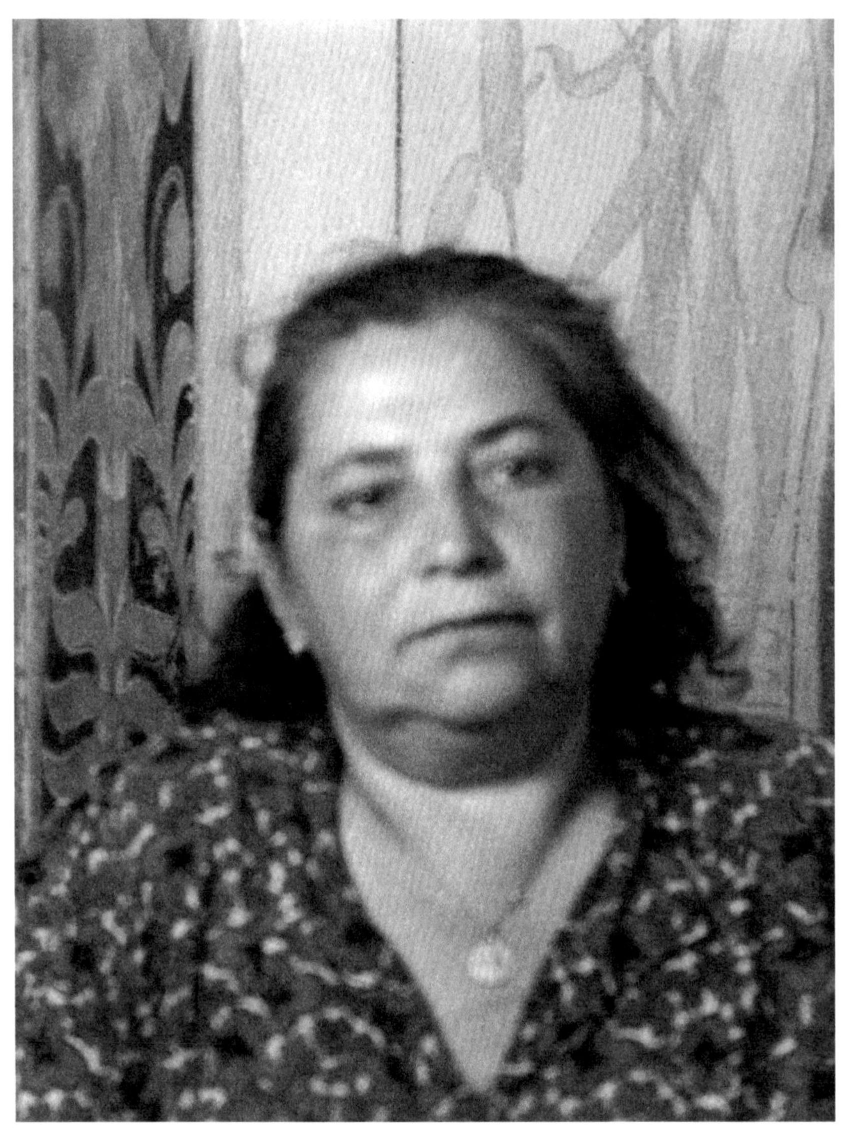

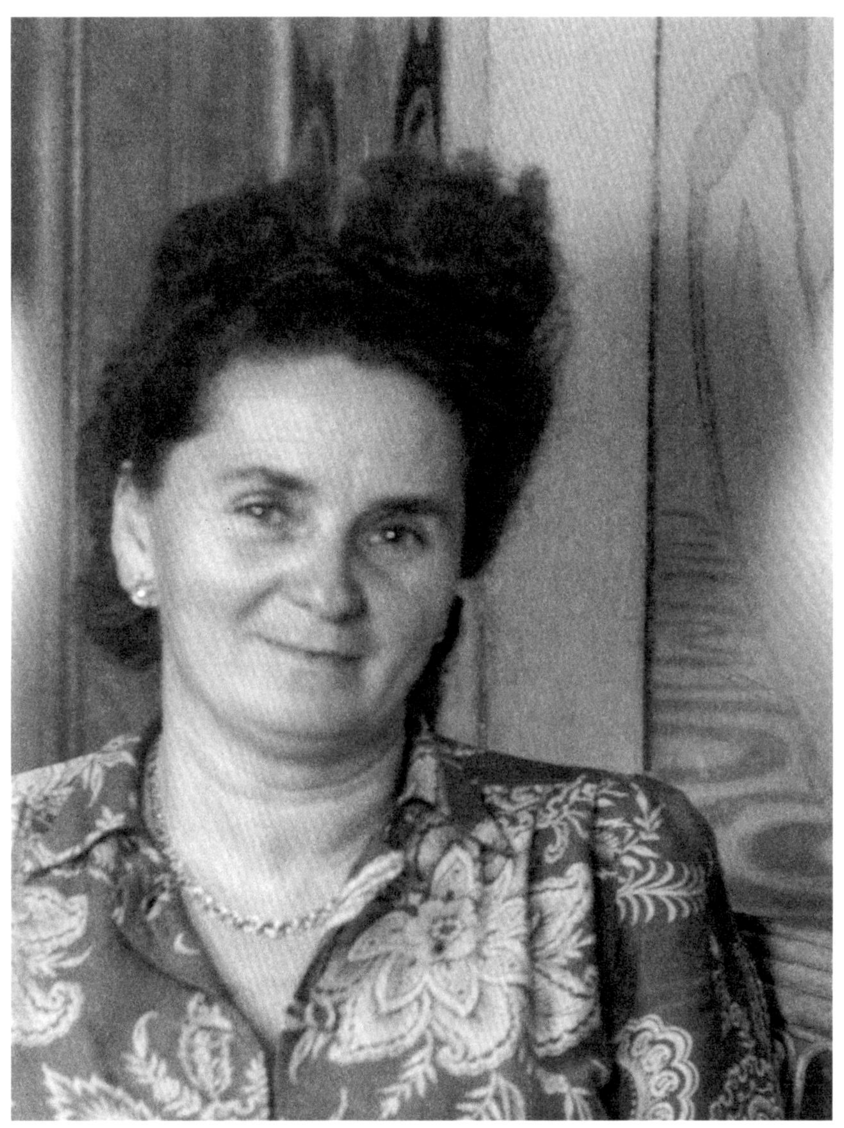

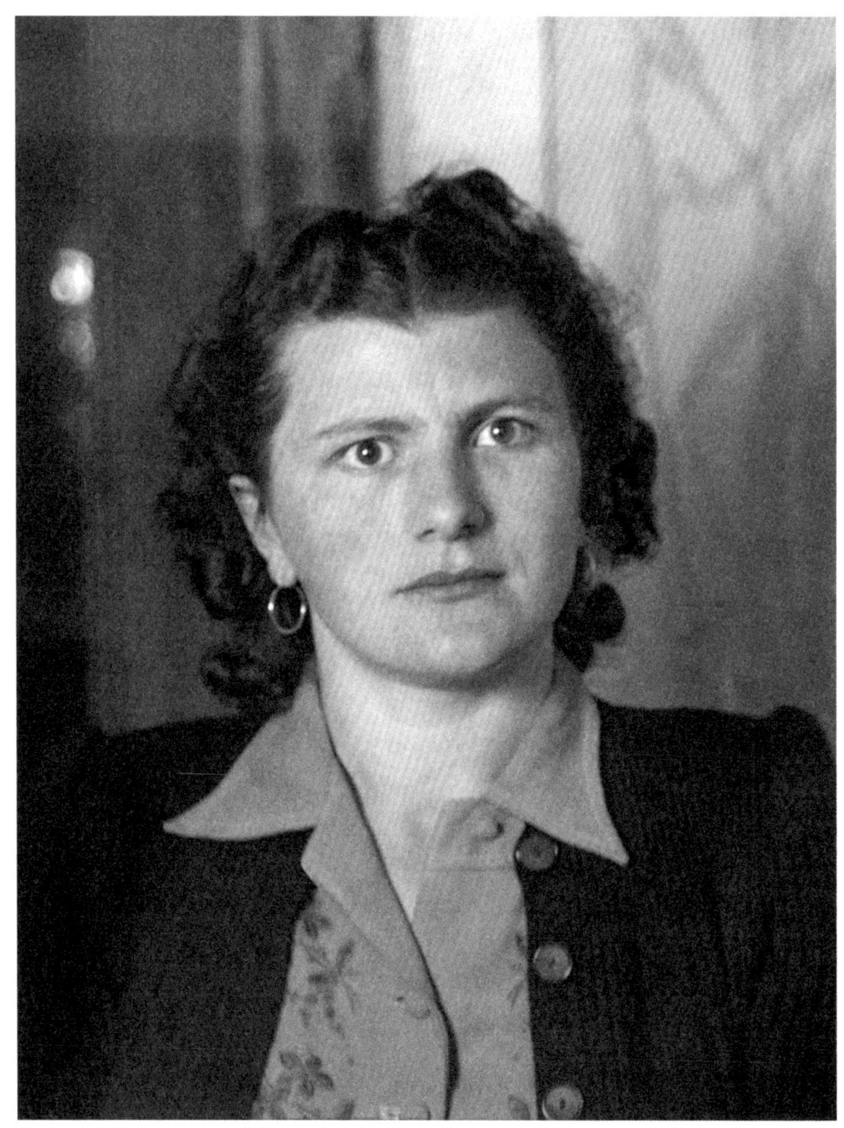

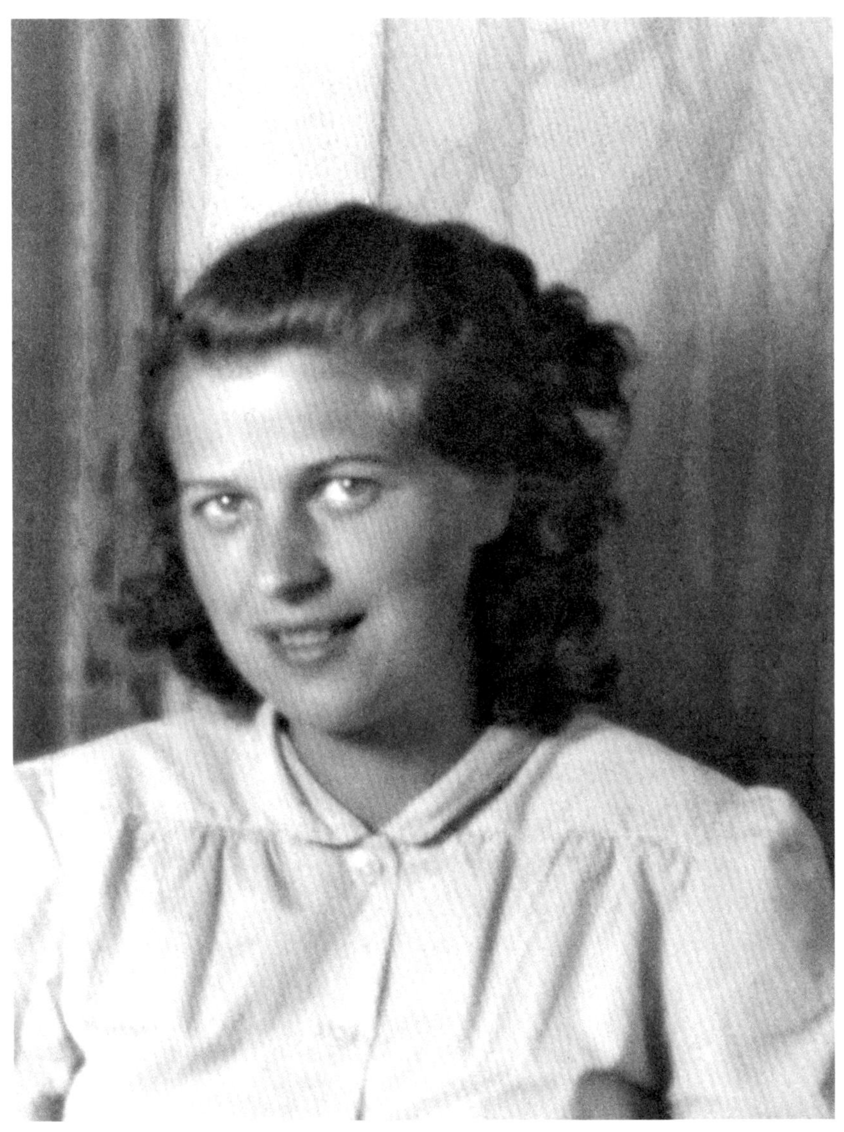

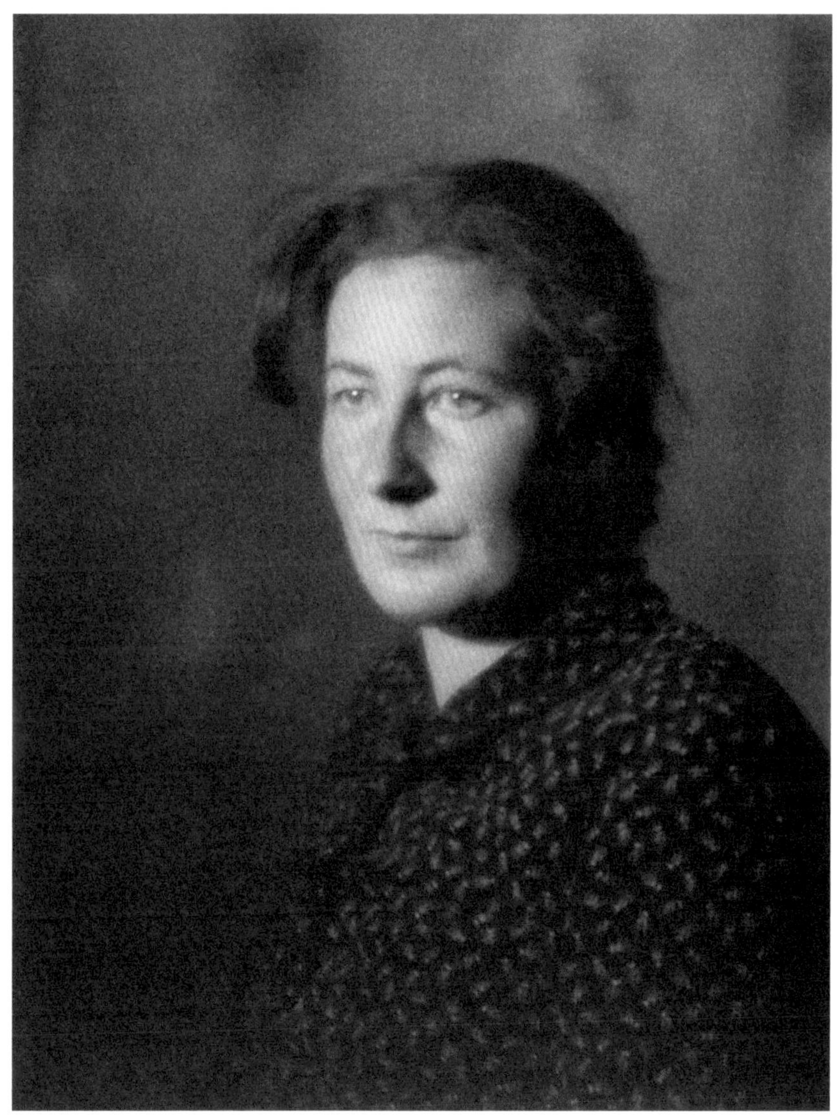

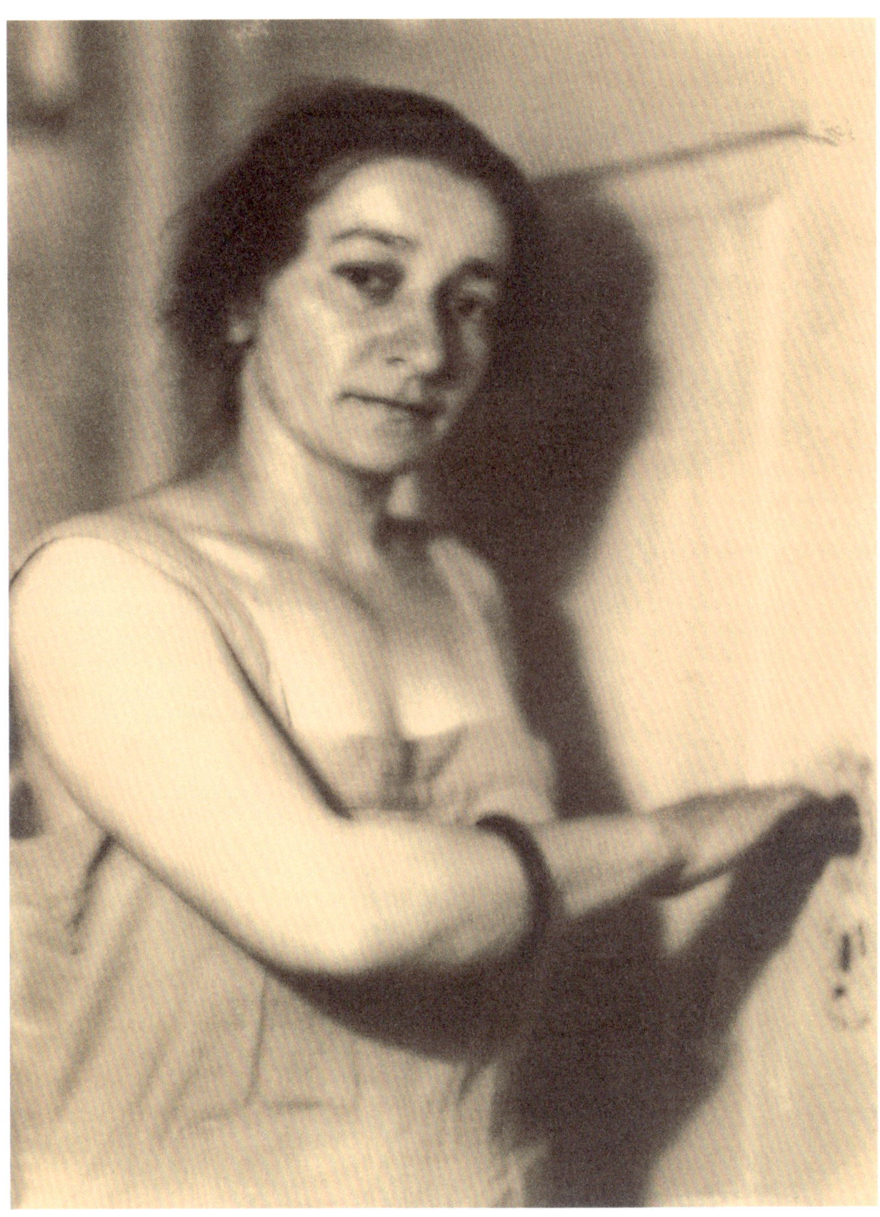

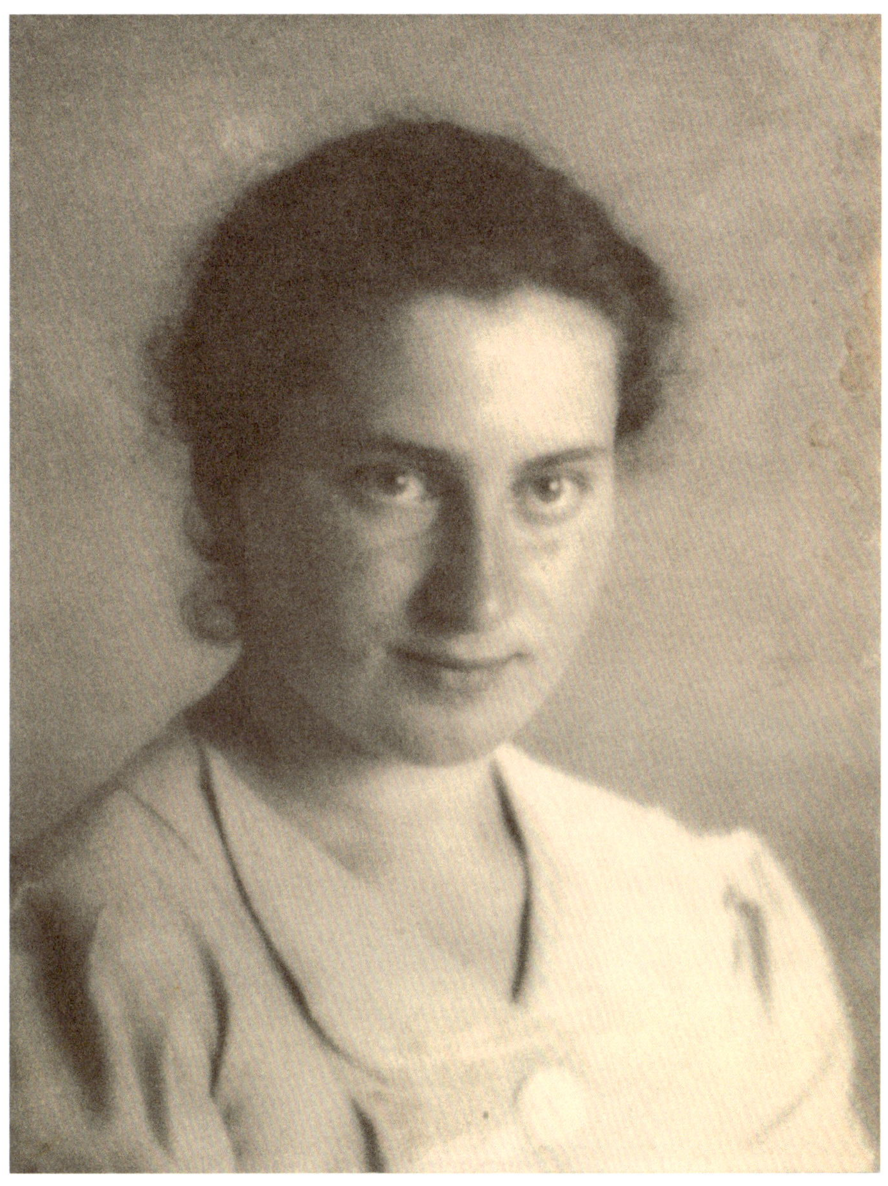

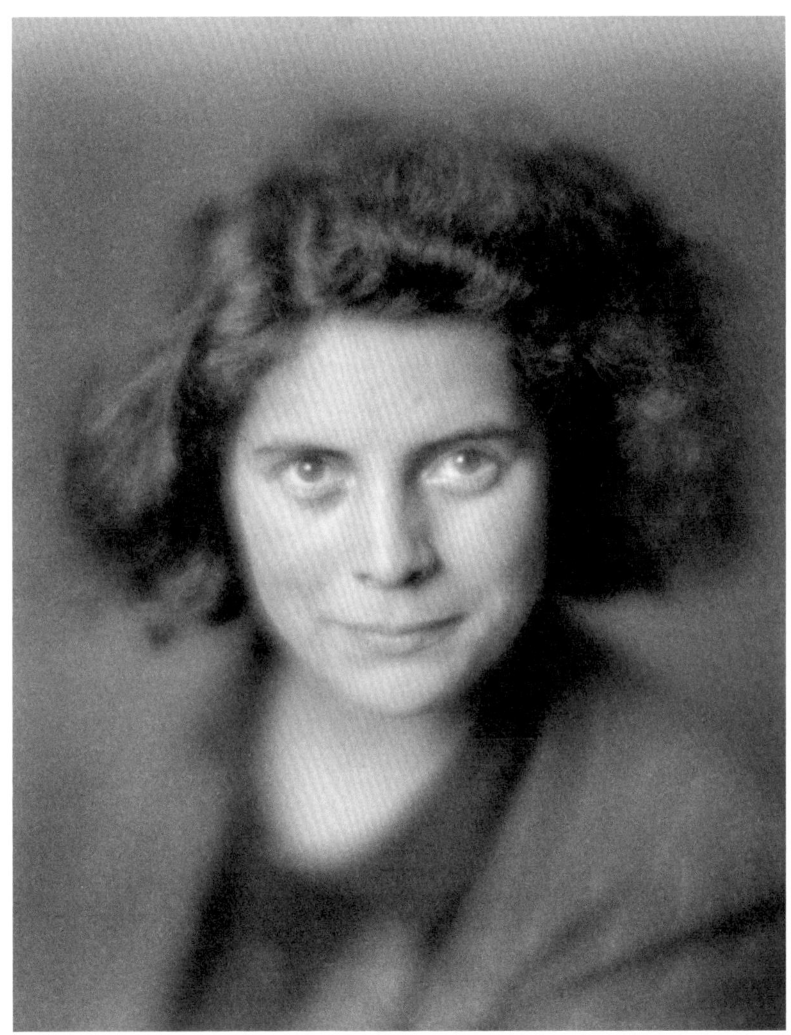

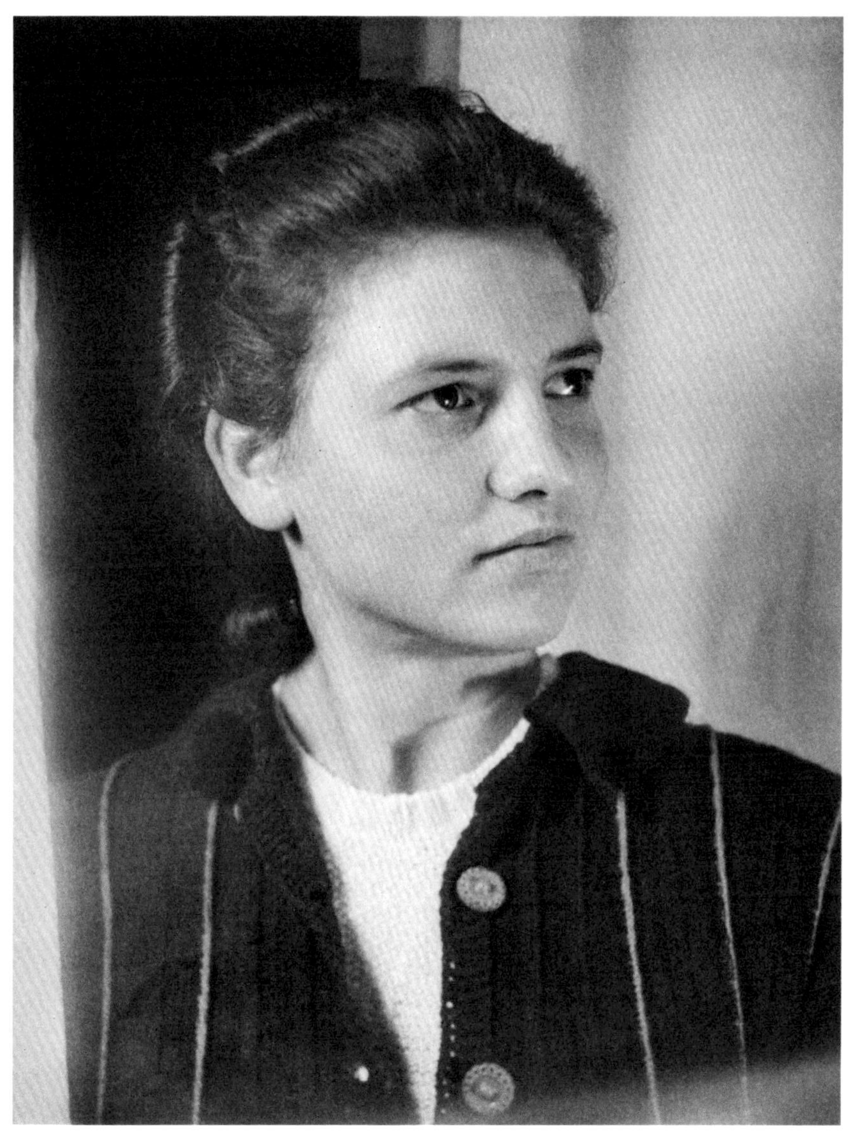

Una dichiarazione d’amore / Eine Liebeserklärung

di/von Stephan Kunz

Andrea Garbald (1877–1958) è rimasto scapolo per tutta la vita. Visse prima con sua madre e sua sorella e successivamente da solo nella casa paterna di Castasegna, progettata da Gottfried Semper. Gli abitanti del paese raccontano che con il procedere dell'età divenne sempre più bizzarro. Un solitario. Trascorse la sua esistenza circondato dai gatti, che ne vegliarono anche il cadavere quando fu trovato morto a casa sua. Non sappiamo se ebbe un rapporto amoroso o se abbia cercato di stabilire una relazione. La vita di Andrea Garbald è trascorsa senza episodi spettacolari, limitata ad un orizzonte geografico relativamente angusto: la Bregaglia. Le uniche eccezioni furono il periodo di apprendistato a Zurigo e alcuni viaggi. La sua opera fotografica è quindi particolarmente rivelatrice essendo uno specchio della propria vita nella valle e del tempo che trascorse con le persone del suo ambiente. È stato il primo e per molto tempo fu l'unico fotografo del posto. Con il sostegno della sorella Margherita ha gestito a Castasegna il proprio studio fotografico e il negozio di ottica con la volontà di rendere le nuove scoperte accessibili alla gente oltre a proiettare di tanto in tanto anche dei film. Ciò gli conferì in quel periodo un ruolo particolare e al tempo stesso gli consentì di stabilire un legame con la popolazione della valle. Oltre a ritratti di singoli e di famiglie, foto di gruppo di società, di associazioni, cori e così via, sviluppò anche creativamente una propria libera espressione fotografica. Venne così a costituirsi nel corso degli anni un eccezionale archivio di immagini della Bregaglia e un'opera di fotografie artistiche rimasta a lungo sconosciuta.

Questo tesoro ha riposato nella soffitta di villa Garbald fino a quando fu portato per la prima volta alla luce negli anni '80 del XX secolo. Dopo approfondite verifiche e diverse scoperte spettacolari l'insieme ancora integro dell'opera di tutta una vita approdò al Museo d'Arte dei Grigioni ed è oggi accessibile: più di 900 negativi (in gran parte lastre di vetro) e in confronto relativamente poche copie originali. Le

Andrea Garbald (1877–1858) war zeit seines Lebens Junggeselle. Er lebte zusammen mit seiner Mutter und seiner Schwester, zuletzt allein in dem von Gottfried Semper entworfenen Elternhaus in Castasegna. Die Leute vom Dorf erzählen, dass er im Alter immer sonderbarer wurde. Ein Einzelgänger. Umringt von Katzen, die auch an seinem Leichnam wachten, als man ihn tot in seinem Haus fand. Ob er je eine Liebschaft hatte oder eine Bindung suchte, ist nicht bekannt.

Andrea Garbalds Leben verlief unspektakulär und beschränkte sich mit Ausnahme seiner Lehrjahre in Zürich und einiger Ausflüge auf einen relativ engen geografischen Raum: das Bergell. Umso aufschlussreicher ist sein fotografisches Werk als Spiegel seines Lebens im Tal und im Zusammenleben mit den Menschen seiner Umgebung. Er war der erste und lange der einzige hier ansässige Fotograf. Unterstützt von seiner Schwester Margherita betrieb er in Castasegna ein eigenes Fotostudio und Optikergeschäft und war darüber hinaus interessiert, die neuen Errungenschaften der Bevölkerung zugänglich zu machen und dann und wann auch Filme zu zeigen. Das verlieh ihm in dieser Zeit einen Sonderstatus, verband ihn aber zugleich auch mit den Leuten im Tal. Neben Einzel- und Familienporträts, Gruppenaufnahmen von Gesellschaften, Vereinen, Chören usw. entwickelte er ein freies fotografisches Schaffen. So entstand über die Jahre ein einzigartiges bildnerisches Archiv des Bergells und ein fotokünstlerisches Werk, das lange unbekannt blieb.

Dieser Schatz schlummerte auf dem Estrich der Villa Garbald und wurde erst in den 1980er-Jahren ans Licht gebracht. Nach eingehender Sichtung und verschiedenen spektakulären Entdeckungen kam das ganze noch erhaltene Lebenswerk ins Bündner Kunstmuseum und ist heute da zugänglich: mehr als 900 Negative (meist Glasplatten) und verhältnismässig wenige originale Abzüge. Sie alle offenbaren das fotografische Können, aber auch ein breites Spektrum

opere dimostrano tutte la competenza fotografica di Andrea Garbald ma anche l'ampio spettro dei suoi interessi, una spinta incoercibile per esplorare continuamente i confini di una libera ricerca: in un soggetto da cartolina è rappresentato un paesaggio nello stile del pittorialismo; accanto a scatti destinati alla salvaguardia del patrimonio, alla documentazione del lavoro dei contadini e degli artigiani si trovano immagini di genere o nature morte. I ritratti hanno un prologo e un epilogo per via della "prova" o della messa in scena della luce che consentono di superare i limiti di un'immagine classica. Questo dimostra che Andrea Garbald cercava qualcosa di più di ciò che il semplice mestiere di fotografo poteva offrire puntando ad esprimersi come fotografo d'arte.

Tenendo conto della grande quantità di immagini si pone la questione di quante sia opportuno presentarne dopo che i suoi lavori sono stati inseriti in tutta la loro ampiezza in una monografia e nel 2014 in un'ampia esposizione nel Museo d'Arte dei Grigioni. Sono rimasto affascinato in particolare dall'attenzione, dalla sensibilità e dalle tecniche fotografiche con le quali Andrea Garbald si è avvicinato alle donne della sua valle offrendo di loro immagini straordinarie. Scorrendo il lascito è risultato evidente che quasi la metà di tutte le fotografie rappresentano delle donne. Ho quindi fatto una scelta tra queste immagini per riunirle nel presente album in modo da indagare con un percorso tutto particolare la produzione di Andrea Garbald.

Il fotografo e artista Andrea Garbald ha dedicato alle donne della Bregaglia una parte importante della propria attività. Ha prodotto innumerevoli carte da visita e altri lavori su ordinazione nel suo studio ma si è anche concesso, nel corso degli anni, di realizzare ritratti di donne che vanno oltre i rigidi scatti per fotografie ufficiali, testimoniando così di una prossimità e di una fiducia che possono provenire solo da un particolare rispetto e da una particolare empatia, anche se non ci

der Interessen von Andrea Garbald, der es sich nicht nehmen liess, immer wieder die Grenzen zur freien Arbeit auszuloten: Aus einem Postkartensujet wurde ein Landschaftsbild im malerischen Stil des Piktorialismus; neben den Aufnahmen für den Heimatschutz oder Dokumentationen landwirtschaftlicher oder handwerklicher Arbeiten stehen Genrebilder und Stillleben; und die Porträtaufträge haben ein Vor- oder Nachspiel bei der «Anprobe» oder der Inszenierung des Lichtes, die über die Bedürfnisse eines klassischen Bildnisses hinausgehen. Das zeugt davon, dass Andrea Garbald nach mehr suchte, als es der Beruf des Fotografen gebot, und es lässt ihn als Künstlerfotografen hervortreten.

Angesichts der Vielzahl an Bildern stellt sich die Frage nach den spezifischen Eigenheiten erst recht, nachdem das Werk in einer Monografie in seiner Breite aufgearbeitet und 2014 in einer umfassenden Ausstellung im Bündner Kunstmuseum vorgestellt wurde. So hat mich insbesondere fasziniert, mit welcher Aufmerksamkeit, mit welcher Zuneigung und welchen fotografischen Mitteln sich Andrea Garbald den Frauen seines Tales näherte und ihnen grossartige Bilder schenkte. Die Durchsicht des Nachlasses offenbarte mir, dass fast die Hälfte aller Aufnahmen Bildnisse von Frauen zeigen. Ich habe daraus eine Auswahl getroffen und sie zu diesem Album zusammengestellt, um einer ganz eigenwilligen Spur im Schaffen von Andrea Garbald nachzugehen.

Andrea Garbald, der Fotograf und Künstler widmet den Frauen des Bergells einen wichtigen Teil seines Schaffens. Es gibt zahlreiche «Cartes de visites» und andere Auftragsarbeiten im Studio, aber Andrea Garbald leistete es sich in all den Jahren immer auch, Bildnisse von Frauen zu machen, die über die steifen offiziellen Porträtaufnahmen hinausgehen und von einer Nähe und Vertrautheit zeugen, die nur aus einer besonderen Ehrerbietung und Empathie rühren

possiamo certo spingere a definirla intimità. Andrea Garbald non inseguiva comunque un ideale di bellezza e nemmeno si faceva promotore di concorsi di bellezza: i suoi modelli sono semplicemente le donne della valle. Non conosciamo i loro nomi – tranne la madre e la sorella – ma non possiamo definirle "anonime" perché Andrea Garbald si avvicinava sempre con un atteggiamento personale e rispettoso. Si tratta di ragazze o giovani donne ma anche signore di tutte le età e di diversi strati sociali. Il loro atteggiamento, il loro abbigliamento, i loro volti e gli occhi ci dicono molto. Ogni immagine racconta una storia.

Si vorrebbe indugiare su ciascuna fotografia e conoscere meglio la vita di quelle donne. Vediamo le loro fotografie e l'espressione dei loro volti. Ci facciamo un'idea e riflettiamo su ciò che vide in loro Andrea Garbald. Allo stesso tempo ci tuffiamo, grazie alla successione dei ritratti, in un mondo che ci offre un'immagine della Bregaglia diversa da quella delle fotografie di gruppi, associazioni e di eventi sociali. Qui si tratta di individui, qui si tratta di donne che sono come un segno della valle e la vita delle quali è segnata dalla valle. Un legame. Si respira una serena malinconia. Ma qua e là si fa strada un sorriso malizioso che si copre e si scopre e ci fa sognare con intenso piacere, anche qui nel nostro grande vasto mondo. Andrea Garbald ha trovato sempre una strada per dare espressione a questa intensa aspirazione. Costruiva la posa, lavorava con la luce e con l'ombra, con la messa a fuoco e le sfocature, dimostrando di essere in grado, con la tecnica fotografica, di realizzare ritratti convincenti anche attraverso i cambiamenti delle congiunture temporali.

Non è possibile datare le fotografie. Evolve l'abbigliamento, cambiano le acconciature, forse anche il fatto stesso di mettersi di fronte alla macchina fotografica. Contemporaneamente il fotografo diventa, grazie al progressivo sviluppo tecnico, sempre più abile e di conseguenza

kann – von Intimität wagen wir kaum zu sprechen. Andrea Garbald folgt dabei keinen Schönheitsidealen und veranstaltet keinen Wettbewerb, seine Modelle sind einfach die Frauen des Tales. Wir kennen ihre Namen nicht – abgesehen von der Mutter und der Schwester –, aber «anonym» sind sie trotzdem nicht, weil Andrea Garbald ihnen immer sehr persönlich und respektvoll begegnet: Es sind Mädchen und junge Damen, Frauen verschiedenen Alters und unterschiedlicher sozialer Schichten. Ihr Habitus, ihre Kleider, ihre Gesichter, ihre Augen erzählen viel. Jedes einzelne Bild eine Geschichte.

Bei jeder Aufnahme möchte man verweilen und mehr erfahren über das Leben der Frauen. Wir sehen ihre Bilder und den Ausdruck in ihren Gesichtern. Wir machen uns eigene Gedanken und überlegen, was Andrea Garbald in ihnen sah. Zugleich tauchen wir durch die Folge der Porträts in eine Welt ein, die uns ein ganz anderes Porträt des Bergells offenbart als all die Gesellschaftsbilder von Vereinen und sozialen Anlässen. Hier geht es um die einzelnen Menschen, hier geht es um die Frauen, die das Tal prägen, so wie sie und ihr Leben vom Tal geprägt sind. Das verbindet sie. Eine stille Melancholie liegt in der Luft. Und doch zeigt sich ab und zu ein verschmitztes Lächeln, und allzu gern träumt man auch hier von der grossen weiten Welt, kleidet und verkleidet sich. Andrea Garbald findet immer Wege, um dieser Sehnsucht Ausdruck zu verleihen. Er inszeniert, arbeitet mit Licht und Schatten, mit Schärfe und Unschärfe, und er zeigt, dass er es versteht, mit fotografischen Mitteln sehr eindringliche Porträts zu schaffen – durchaus auch im Wandel der Zeit.

Es ist kaum möglich, die Aufnahmen zu datieren. Es wandelt sich der Stil der Kleidung, es ändern sich die Frisuren, vielleicht auch die Selbstverständlichkeit, vor die Kamera zu treten. Gleichzeitig wird der Fotograf mit fortschreitender Entwicklung der Technologie immer mobiler, und die Möglichkeiten für die Porträtfotografie erweitern

aumentano le possibilità per la realizzazione di ritratti. Si coglie quindi, attraverso tutta la serie degli scatti, una sequenza cronologica che rispecchia, grazie agli indizi citati sopra, anche il pensiero del fotografo: da una parte si interessa all'evoluzione del mezzo fotografico, dall'altra studia il linguaggio delle immagini del proprio tempo. Come all'inizio del suo percorso cerca di avvicinarsi alla pittura, così si trovano in seguito agganci con la fotografia moderna o con le inserzioni sui giornali e la collezione si chiude con ritratti che ricordano attrici cinematografiche.

Risulta evidente che Andrea Garbald tratta ciascuno dei suoi ritratti individualmente. È raro rilevare che pensi ad una successione o a una variazione. Solo relativamente tardi si trova una serie di ritratti scattati nella villa Garbald – si riconosce la parete dipinta sullo sfondo – che rappresenta una consapevole serie numericamente consistente. Ha avuto allora l'idea di ritrarre così tutte le donne della valle? Sarebbe stato piuttosto in anticipo sulla fotografia concettuale degli anni '70 del XX secolo. O forse ha sempre sognato di realizzare per se stesso una raccolta una sorta di omaggio silenzioso alle donne forti del proprio ambiente? Non lo sappiamo. Siamo però convinti che questo ricco fondo rappresenti molto di più di uno sguardo storico sulle donne della Bregaglia. Ci piacerebbe vedere come lo stesso Andrea Garbald avrebbe organizzato questi ritratti per una pubblicazione: forse un libro d'arte che tracciasse il percorso di una passione e presentasse la sua personalissima selezione. Ma invece di renderle pubbliche ha sistemato le sue fotografie in una soffitta. E con loro anche tutti i suoi più intensi desideri. Il nostro album è un tentativo di seguire l'idea di una tale collezione e di portarla in un libro. È dedicato alle donne della Bregaglia.

sich. So ergibt sich doch über alle Porträts hinweg eine sichtbare chronologische Abfolge, die neben den genannten Indizien auch die Reflexionen des Fotografen widerspiegeln: Einerseits ist er an der Entwicklung des Mediums interessiert, und anderseits studiert er die Bildsprache seiner Zeit. So wie er in seinen Anfängen der Malerei nahezukommen sucht, finden sich später Anklänge an die Modefotografie oder Inserate aus Zeitschriften, und die Sammlung endet mit Bildnissen, die an Filmschauspielerinnen erinnern.

Es ist auffallend, dass Andrea Garbald jedes seiner Porträts sehr individuell entwickelt. Selten kann man beobachten, dass er an eine Folge oder eine Variation denkt. Erst relativ spät entsteht eine Reihe von Aufnahmen in der Villa Garbald – man erkennt die bemalten Wände im Hintergrund –, die als bewusst angelegte Folge erscheint. Ob er damals die Idee hatte, alle Frauen des Tales so zu porträtieren? Er wäre damit der Konzeptfotografie der 1970er-Jahre um einiges voraus gewesen. Oder ob er immer schon davon träumte, für sich eine Sammlung anzulegen als stille Hommage an die starken Frauen in seinem Umfeld? Wir wissen es nicht. Wir sind aber überzeugt, dass dieser reiche Fundus weit mehr ist als ein historischer Blick auf die Frauen des Bergells. Und so würde man gerne sehen, wie Andrea Garbald selbst diese Porträts zu einem Buch zusammen gestellt hätte: Zu einem Künstlerbuch vielleicht, das einer Leidenschaft folgt und seine sehr persönliche Auswahl vorstellt. Statt sie öffentlich zu machen, hat er seine Fotografien aber auf dem Estrich versorgt. Und mit ihnen wohl auch seine Sehnsüchte. Unser Album ist ein Versuch, der Idee einer solchen Sammlung zu folgen und sie in Buchform zu bringen. Es ist den Frauen des Bergells gewidmet.

Andrea Garbald non ha etichettato nessuna delle sue fotografie. In pochi casi sappiamo oggi il nome delle donne che ha ritratto. Possiamo comunque supporre che siano riprodotte qui donne della Bregaglia, quelle che facevano da modelle per Andrea Garbald. Ci sono alcune eccezioni: la madre Johanna Garbald-Gredig, scrittrice conosciuta con il nome di Silvia Andrea (p. 99 con Andrea Garbald e pp. 101, 103) e la sorella Margherita Garbald (pp. 67, 93, 94, 95, 97).

Le fotografie di Andrea Garbald riprodotte in questo libro fanno parte del lascito dell'artista che si trova, come deposito della Fondazione Garbald, presso il Museo d'Arte di Coira. Gran parte delle 1000 fotografie circa del lascito non sono state sviluppate oppure le stampe sono scomparse. Le stampe originali, alcune delle quali sono anche riprodotte in questo libro, si distinguono per una lavorazione particolarmente accurata che evidenzia lo stile del pittorialismo di Andrea Garbald. Non abbiamo voluto imitare tale carattere nelle stampe dalle lastre negative, ci siamo invece limitati ad una leggera colorazione delle riproduzioni in bianco e nero.

•

Andrea Garbald hat kaum eine seiner Fotografien bezeichnet. Wir wissen heute nur in seltenen Fällen, wer die porträtierten Frauen sind. Wir können davon ausgehen, dass hier Frauen aus dem Bergell wiedergegeben sind, die Andrea Garbald Modell sassen. Ausnahmen sind die Mutter Johanna Garbald-Gredig, die als Schriftstellerin unter dem Namen Silvia Andrea bekannt wurde (S. 99 mit Andrea Garbald, 101, 103), und die Schwester Margherita Garbald (S. 67, 93, 94, 95, 97).

Die im vorliegenden Buch reproduzierten Fotografien von Andrea Garbald stammen alle aus dem Nachlass des Künstlers, der sich als Depositum der Fondazione Garbald im Bündner Kunstmuseum Chur befindet. Von den rund 1000 Fotografien im Nachlass wurden viele nicht entwickelt oder die Abzüge sind verloren. Die Originalabzüge, von denen auch in diesem Buch einige abgebildet sind, zeichnen sich durch eine besondere Bearbeitung aus, die den piktorialistischen Stil von Andrea Garbald unterstreichen. Diesen Charakter wollten wir in den Reproduktionen ab Glasnegativ nicht imitieren und haben uns auf eine leichte Eintönung der Schwarz-Weiss-Vorlagen beschränkt.

Curatore/Herausgeber: Stephan Kunz
Fondazione Garbald

Fotografie/Fotografien: Andrea Garbald
Testo/Text: Stephan Kunz
Redazione/Lektorat: Monique Zumbrunn
Traduzione/Übersetzung: Francesco Maiello
Fotolithografia/Scan und Bildbearbeitung: Georg Sidler
Progetto grafico/Gestaltung: Thomas Rhyner
Stampa/Druck: Karl Grammlich GmbH, Plietzhausen

ISBN 978-3-03942-025-4

Verlag Scheidegger & Spiess AG
Niederdorfstrasse 54, 8001 Zurigo, Svizzera
www.scheidegger-spiess.ch

La casa editrice Scheidegger & Spiess beneficia di un sostegno strutturale dell'Ufficio Federale della Cultura per gli anni 2021-2024.
Der Verlag Scheidegger & Spiess wird vom Bundesamt für Kultur mit einem Strukturbeitrag für die Jahre 2021–2024 unterstützt.

•

La pubblicazione di questo libro è stata resa possibile grazie ai contributi di:

Banca Cantonale Grigione
Comune di Bregaglia
Promozione della cultura Regione Maloja
Fondazione Willi Muntwyler
Fondazione Dr. Valentin Malamoud

Die Herausgabe der Publikation wurde ermöglicht dank Beiträgen von:

Graubündner Kantonalbank
Comune di Bregaglia
Kulturförderung Region Maloja
Willi Muntwyler-Stiftung
Stiftung Dr. Valentin Malamoud

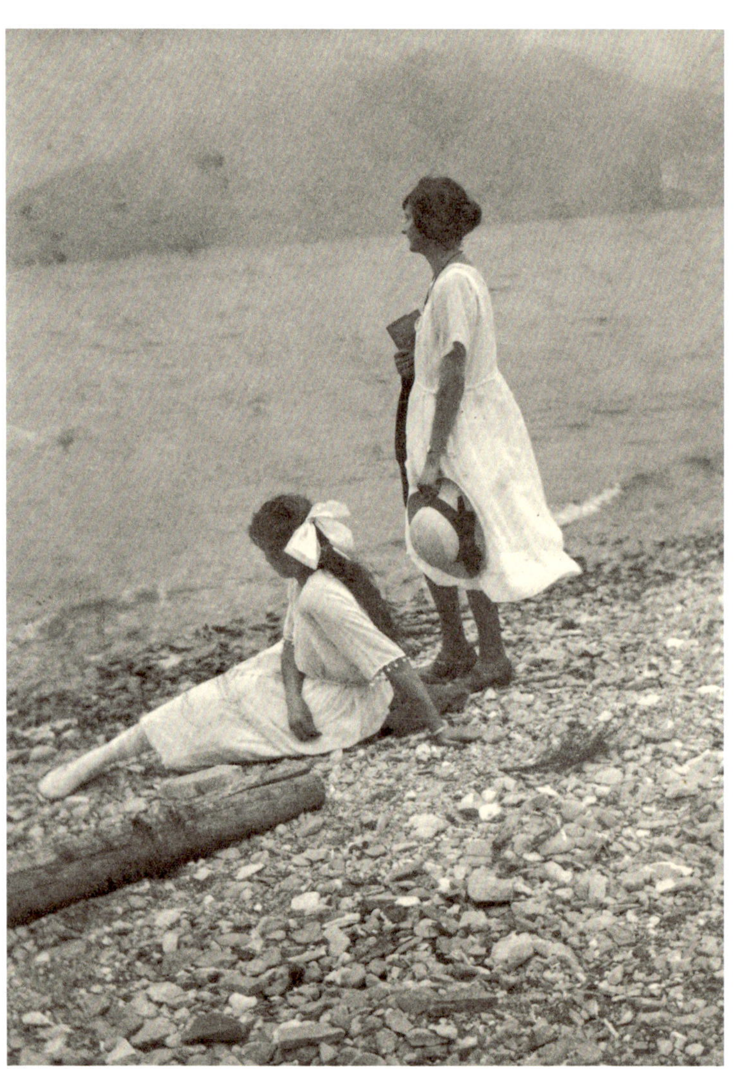